地势坤，君子以厚德载物。

大学中庸今注今译

王云五 主编
宋天正 注译
杨亮功 校订

中国友谊出版公司

图书在版编目（CIP）数据

大学中庸今注今译/王云五主编；宋天正注译；杨亮功校订. -- 北京：中国友谊出版公司，2021.9
 ISBN 978-7-5057-5161-3

Ⅰ.①大… Ⅱ.①王… ②宋… ③杨… Ⅲ.①儒家②《大学》—译文③《中庸》—译文 Ⅳ.①B222.14

中国版本图书馆CIP数据核字（2021）第044034号

本书中文简体字版权由台湾商务印书馆股份有限公司授与北京磨铁文化集团股份有限公司。

非经书面同意，不得以任何形式转载重制，本著作物简体字版仅限中国大陆发行。

书名	大学中庸今注今译
作者	王云五主编　宋天正注译　杨亮功校订
出版	中国友谊出版公司
发行	中国友谊出版公司
经销	新华书店
印刷	河北鹏润印刷有限公司
规格	880×1230毫米　32开 4.5印张　72千字
版次	2021年10月第1版
印次	2021年10月第1次印刷
书号	ISBN 978-7-5057-5161-3
定价	38.00元
地址	北京市朝阳区西坝河南里17号楼
邮编	100028
电话	（010）64678009

如发现图书质量问题，可联系调换。质量投诉电话：010-82069336

编纂古籍今注今译序

由于语言文字习俗之演变,古代文字原为通俗者,在今日颇多不可解。以故,读古书者,尤以在具有数千年文化之我国中,往往苦其文义之难通。余为协助现代青年对古书之阅读,在距今四十余年前,曾为本馆创编《学生国学丛书》数十种,其凡例如下:

一、中学以上语文功课,重在课外阅读,自力攻求;教师则为之指导焉耳。唯重篇巨帙,释解纷繁,得失互见,将使学生披沙而得金,贯散以成统,殊非时力所许;是有需乎经过整理之书篇矣。本馆鉴此,遂有《学生国学丛书》之辑。

二、本丛书所收,均重要著作,略举大凡:经部如诗、礼、春秋;史部如史、汉、五代;子部如庄、孟、荀、韩,并皆列入;文辞则上溯汉、魏,下迄五代;诗歌则陶、谢、李、杜,均有单本;词则多采五代、两宋;曲则撷取元、明大家；传奇、小说，亦选其英。

三、诸书选辑各篇，以足以表见其书，其作家之思想精神、文学技术者为准；其无关宏旨者，概从删削。所选之篇类不省节，以免割裂之病。

四、诸书均为分段落，作句读，以便省览。

五、诸书均有注释；古籍异释纷如，即采其较长者。

六、诸书卷首，均有新序，述作者生平，本书概要。凡所以示学生研究门径者，不厌其详。

然而此一丛书，仅各选辑全书之若干片段，犹之尝其一脔，而未窥全豹。及一九六四年，余谢政后重主本馆，适编译馆有《资治通鉴今注》之编纂，甫出版三册，以经费及流通两方面，均有借助于出版家之必要，商之于余，以其系就全书详注，足以弥补余四十年前编纂《学生国学丛书》之阙，遂予接受。甫岁余，而全书十有五册，千余万言，已全部问世矣。

余又以《资治通鉴今注》，虽较《学生国学丛书》已进一步，然因若干古籍，文义晦涩，今注以外，能有今译，则相互为用，今注可明个别意义，今译更有助于通达大体，宁非更进一步欤？

几经考虑，乃于一九六七年秋决定编纂经部今注今译第一集十种，其凡例如下：

一、经部今注今译第一集，暂定十种①，其书名及白文②字数如下：

《诗经》	三九一二四字
《尚书》	二五七〇〇字
《周易》	二四二〇七字
《周礼》	四五八〇六字
《礼记》	九九〇二〇字
《春秋左氏传》	一九六八四五字
《大学》	一七四七字
《中庸》	三五四五字
《论语》	一二七〇〇字
《孟子》	三四六八五字

以上白文共四八三三七九字。

二、今注仿《资治通鉴今注》体例，除对单字词语详加注释外，地名必注今名，年份兼注公元，衣冠文物莫不详释，必要时并附古今比较地图与衣冠文物图案。

---

① 编者注：因版权问题，此次简体中文新版本中缺少《周礼今注今译》一书。另外，《大学今注今译》《中庸今注今译》两本合为一本《大学中庸今注今译》。

② 编者注：白文指书的正文部分，亦指不附注释的书。

三、全书白文四十七万余字，今注假定占白文百分之七十，今译等于白文百分之一百三十，合计白文连注译约为一百四十余万言。

本馆所任之古籍今注今译，经慎选专家定约从事，阅时最久者将及两年，较短者不下一年，则以属稿诸君，无不敬恭将事，求备求详；迄今只有《尚书》及《礼记》两种交稿，所有注译字数，均超出原预算甚多，以《礼记》一书言，竟超过倍数以上。

兹当第一种之《尚书今注今译》排印完成，问世有日，谨述缘起及经过如上。

王云五
一九六九年九月二十五日

凡例

一、本书系以通行朱子章句本为据，章内再按文意分段，以便阅读。

二、本书注释，力求简明，大体系依朱注，酌采他家之说以为补正。

三、本书主旨，在协助青年阅读古籍，晓其大意，故尽量减免烦琐之考证。

四、本书译文，系以照原文直译为原则，但有时为使文意畅达，亦酌予增益。

目　录

大　学　001

中　庸　049

大学[1]

子程子[2]曰:"《大学》[3],孔氏[4]之遗书,而初学入德之门也。于今可见古人为学次第者,独赖此篇之存,而《论》[5]、《孟》[6]次之。学者必由是而学焉,则庶乎其不差矣。"

今注

1 朱子编定《大学》一书,是依据程子所定的原本,所以朱子在本书的前面,先引述程子的一段话。朱子名熹,晚号晦翁,宋朝婺源人(今安徽省婺源县)。绍兴进士,历仕高、孝、光、宁四朝,累官宝文阁侍制。其治学大抵穷理以致知，反躬以践其实，而以居敬为主。宋代理学至朱熹而集其大成。其讲学之所曰考亭，宗之者称考亭学派。又朱熹之父朱松尝读书于安徽省歙县之紫阳山，故熹居福建省崇安县仍榜其厅事曰紫阳书室。因此后人亦称熹为紫阳学派。世称朱子，又称朱文公。

2　程子：名颐，字正叔，洛阳人，宋朝大儒，世称伊川先生。其学本于诚，主于穷理，从学者甚众。

3　《大学》：本为《小戴礼记》中的一篇。宋以前并不单行，北宋仁宗天圣八年，以《大学》赐给进士王拱宸等，这或许就是《大学》单行的开始。后二程子有《大学》两定本，至南宋淳熙间，朱熹把它和《中庸》从《礼记》中取出，与《论语》《孟子》合而为"四书"，复为之厘定章句与集注。《大学》凡有三本：一为古本《大学》，其间节次稍有不相承者，盖古人文法疏简，辞或不属，而意实可通，要于立言之旨无害；二为石经《大学》，节次不及古本，且中间窜入"颜渊问仁"至"非礼勿动"句，疑好事者为之；三为程明道先生与其弟伊川先生《大学》两定本，节次均不同。今本章句，为伊川所序次；而汇为经一章，传十章，则为朱子所定。

4　孔氏：即孔子。

5 《论》：指《论语》一书。
6 《孟》：指《孟子》一书。

今译

程子说："《大学》是孔子留传下来的书，为初学的人进修德行的门径。到现在还能看得出古人做学问的次序，全靠这本书的存在；至于《论语》《孟子》还在其次。求学问的人必须从这本书去学，那就差不多不致有错了。"

大学[1]之道，在明明德[2]，在亲民[3]，在止于至善[4]。

知止[5]而后[6]有定[7]，定而后能静[8]，静而后能安[9]，安而后能虑[10]，虑而后能得[11]。物有本末[12]，事有终始，知所先后，则近道矣。

古之欲明明德于天下[13]者，先治其国[14]；欲治其国者，先齐其家[15]；欲齐其家者，先修其身[16]；欲修其身者，先正其心[17]；欲正其心者，先诚其意[18]；欲诚其意者，先致其知[19]；致知在格物[20]。

物格而后知至，知至而后意诚，意诚而后心正，心正而后身修，身修而后家齐，家齐而后国治[21]，国治而后天下平。

自天子[22]以至于庶人[23]，一是[24]皆以修身为本。其本[25]乱而末[26]治者否矣；其所厚[27]者薄，而其所薄[28]者厚，未之有也。

今注

1　大学：《礼记》篇名。《礼记·大学》疏引郑目录云："名曰大学者，以其记博学可以为政也。此大学之篇，论学成之事，能治其国，彰明其德于天下，却本明德所由，先从诚意为始。"朱子注："大学者，大人之学也。"按：大学，我国相沿为大人之学，取其有别于幼学及小学。为讲究立身治世基本学问的一本书，其中包括自修身以至齐家治国平天下的一贯大道理。

2　明明德：上一个"明"字是动词，下一个"明"字是形容词。朱子注："明，明之也。明德者，人之所得乎天，而虚灵不昧，以具众理而应万事者也；但为气禀所拘，人欲所蔽，则有时而昏；然其本体之明，则有未尝息者，故学者当因其所发而遂明之，以复其初也。"这里朱子所言天赋灵明的德性，即王阳明所谓天命之性，而自然灵昭不昧者也。

3　亲民：程子曰："亲，当作新。"朱子阐发其意曰：

"新者,革其旧之谓也。言既自明其'明德'又当推以及人,使之亦有以去其旧染之污也。"王阳明则释亲民之意为亲近民众。

4　止于至善:朱子注:"止者,必至于是而不迁之意;至善,则事理当然之极也。言明明德、新民,皆当止于至善之地而不迁,盖必其有以尽夫天理之极而无一毫人欲之私也。"王阳明则谓善就是良知,止于至善即是止于良知。

5　知止:止,名词。谓所当止之境,即至善之所在。知止,就是知道止于至善所在之处。

6　后:后与後同。后同此。

7　定:谓志有定向。

8　静:谓心不妄动。

9　安:谓所处而安。

10　虑:谓处世精详。

11　得:谓得其所止。

12　物有本末四句:此处四句,承上启下。一方面结束上文三纲领之说:"本"指"明明德","末"指"新民"。"终"指"能得","始"指"知止"。另一方面则系引申下文八条目之义:"本""始"指"格物致知","末""终"指"平天下"。"本""始"是"所先","末""终"是"所后"。

谓能明了事物的本末终始，知所先后，则循序而行，自能渐进至善之境，也就是近于大学之道了。

13　明明德于天下：意思是使天下人都能彰明其灵明的德性。

14　治国：治，平声，动词，理之也。治国，就是治理国家。

15　齐家：谓整治其家。

16　修身：谓修明德性而达于实践也。

17　正心：朱子注："心者，身之所主也。"正心，谓端正一身所主的心。

18　诚意：朱子注："诚，实也；意者，心之所发也。"谓心之所发一本于诚而无自欺也。

19　致知：朱子注："致，推极也；知，犹识也；推极吾之知识，欲其所知无不尽也。"王阳明则说："致知云者，致吾心之良知焉耳。"意谓吾心本有良知，不假外求。

20　格物：朱子注："格，至也；物，犹事也。穷至事物之理，欲其极处无不到也。"王阳明说："物者，事也。凡意之所发，必有其事，意所有之事谓之物。格者，正也。正其不正以归于正之谓也。正其不正者，去恶之谓也。归于正者，为善之谓也。夫是之谓格。"朱子与阳明两种说法，在外表观之，似是内心外物，亦即唯心唯物之分，其实都不外乎穷理尽性的功夫，没有什么重大差异。但后者（阳明）所说的含义，更易了解，除对其客观事物穷其所以然之"理"与"性"的功夫以外，还有其主观的（良知）选择判断而得到最正确的认识的意思。因为他对于事物穷极其真理之所在，正义之所归，以内心之良知而充实其功夫，以增进其真理的知识，而不是只从外表的物质所得的意识，算作其真知真理的知识，这就是格物致知的功夫所在。

21　国治：治，去声，形容词。国治，谓国家经治理已臻完善之境。

22　天子：古称统治天下之君曰天子。奉天承命之意。此君主时代之特称也。

23　庶人：谓普通的人民，无爵秩者。又众也。

24　一是：一切的意思。

25　本：此处系指修身而言。

26　末：此处系指治国、平天下而言。

27　所厚：指身家而言。

28　所薄：指国家天下而言。

今译

　　大学的道理,在于彰明自身所本有的灵明德性,再推己及人,使人人都能除去旧染之污而自新,而且要做到极完善的地步而坚持不变。

　　能够知道当止的至善之境,然后意志才有定向;意志有了定向,然后才能心不妄动;心不妄动做到了,然后才能所处而安;能够所处而安,然后才能处世精详;能够处世精详,然后才能得到当止的至善之境。

　　凡物都有本有末,凡事都有终结和开始,能够明白这本末终始的先后次序,就切合大学的道理了。

　　古人要想彰明自身的灵明的德性,使天下人都跟他一样自新,必定先治好自己的国家;要想治好自己的国家,必先整治好自己的家;要想整治好自己的家,必先修好自己的身;要想修好自己的身,必先端正自己的心;要想端正自己的心,必先诚实自心所发的意念;要想诚实自心所发的意念,必先推极自己的知识;而推极自己的知识,就在于研析穷究一切事物的真理了。

　　一切事物的真理研析穷究明白以后,知识就无所不尽了;知识推极到无所不尽的地步以后,自心所发的意念就自然真诚不妄了;自心所发的意念到了真诚无妄的程度以后，主宰一身的心自然就端正了；心端正了以后，身也就修好了；身修好了以后，家也就可以整治好了；家整治好了以后，国也就可以治好了；国治好了以后，天下也就可以太平了。

上自天子，下至平民，一切要以修身为根本。如果不先修身而致乱了根本，要想其他的事如治国、平天下还能弄好的话，那是决不可能的；把切近自己的身家看得不重要，反而去高谈治国、平天下，从来没有这样的道理啊。

右经一章[1]，盖孔子之言，而曾子[2]述之。其传十章，则曾子之意，而门人记之也。旧本颇有错简[3]，今因程子所定，而更考经文，别为序次如左。

今注

1　经一章：依《博物志》："圣人制作曰经，贤者著述曰传。"由于经文浑奥，则传以明之。《大学》一篇在《小戴礼记》中，本来不分章节。上面这一段，朱子以为是"孔子之言，而曾子述之"，故曰"经"。以后十段朱子以为是"曾子之意，而门人记之"，故曰"传"。即是将《大学》一篇分为经一章，传十章。按此经一章是一篇的总论，先述大学之道"明明德""亲民""止于至善"三纲领，次述"格物""致知""诚意""正心""修身""齐家""治国""平天下"八条目。以下再于传十章中分别阐说。

2　曾子：春秋时鲁国武城人（今山东省费县西南），名参，字子舆，孔子弟子中之大贤。事亲至孝，作《曾子》十八篇。

3　错简：古时无纸，文字多写在竹简上，书籍则依竹简次第编列，用丝或皮革穿联起来，日久断损，竹简的次序乱了，称作"错简"。

今译

（朱子说）右边这一章经文，乃是孔子所说的话，由曾子传述出来的。后面的传文十章，则是曾子讲述《大学》的意思，由他的弟子记录下来的。旧的本子竹简次序很有些错乱，现在依程子所订定的本子，再参考经文本子，另编传文的次序如左。

《康诰》[1]曰："克[2]明[3]德。"《大甲》[4]曰："顾[5]误[6]天之明命[7]。"《帝典》[8]曰："克明峻[9]德。"皆自明[10]也。

今注

1　《康诰》:《尚书·周书》篇名。

2　克：能也。

3　明：彰明。

4　《大甲》:《尚书·商书》篇名。大，读作"泰"。

5　顾：视也。朱注："常目在之也。"

6　諟：古"是"字，朱注："諟，犹此也，或曰审也。"

7　天之明命：朱注："即天之所以与我，而我之所以为德者也。"

8　《帝典》：即《尧典》,《尚书·虞书》篇名。

9　峻：大也。

10　自明：自身彰明本有德性之意。

今译

《尚书·康诰》中说："要能彰明本有的灵明的德性。"《尚书·大甲》中说："要常看着上天给我的光明使命。"《尚书·尧典》中说："要能修明崇高的德性。"这些都是说要由自己来修明本有的德行。

右传之首章，释"明明德"。

今译

（朱子说）右边传文第一章，是阐释"明明德"的义理的。

汤[1]之《盘铭》[2]曰："苟[3]日新，日日新，又日新。"《康诰》曰："作新民[4]。"《诗》[5]曰："周虽旧邦[6]，其命维新[7]。"是故君子[8]无所不用其极[9]。

今注

1　汤：即成汤，商朝开国之主，契之后；子姓，名履，一曰天乙。初居亳，为夏方伯，专征伐。夏桀无道，成汤兴兵伐之，放桀于南巢，遂有天下，国号商。在位三十年崩。

2　《盘铭》：盘是盛水的铜器，《盘铭》是刻在铜盘上的铭词，所以自警自戒也。《礼记·大学》疏曰："汤之《盘铭》者，汤沐浴之盘，而刻铭为戒必于沐浴之盘者，戒之甚也。"按：盘，古作"槃"。据《左传·内则》注：槃，承盥水者。又据《大戴礼记》：周武王有盥槃。依考证：

盘，以释作"盥盘"为宜。

3　苟：诚也。

4　作新民：朱注："鼓之舞之之谓'作'，言振起其自新之民也。"

5　《诗》曰："周虽旧邦，其命维新。"这两句诗，见《诗经·大雅·文王》。

6　周虽旧邦：后稷为周之始祖，尧封之于邰，至文王时已千有余年，故曰旧邦。

7　其命维新：谓文王能新其德以及于民，而始受天命也。

8　君子：谓有道德的人或在位的贤人。

9　极：指至善的地步。

今译

商汤盥盘上的铭词说："如果能今天把旧染的污垢涤净而自新，就应该天天把污垢涤净而自新，更要继续不断地把污垢涤净，保持身心的洁净与清新。"《尚书·康诰》中说："鼓励人民振作自新的精神。"《诗经·大雅·文王》中说："周朝虽是一个古旧的国家，但传到文王，却能自新其德化以及于民，接受天予的新命。"所以有道的君主对于明德新民，没有一处不做到至善的地步。

右传之二章，释"新民"。

今译

（朱子说）右边传文第二章，是阐释"新民"的义理的。

《诗》[1]云："邦畿千里[2]，惟民所止[3]。"《诗》[4]云："缗蛮[5]黄鸟，止于丘隅[6]。"子曰："于止，知其所止，可以人而不如鸟乎？"

《诗》[7]云："穆穆[8]文王，于缉熙敬止[9]。"为人君，止于仁；为人臣，止于敬；为人子，止于孝；为人父，止于慈；与国人交，止于信。

《诗》[10]云："瞻彼淇澳[11]，菉竹猗猗[12]。有斐[13]君子，如切如磋[14]，如琢如磨[15]，瑟[16]兮僴[17]兮，赫兮喧[18]兮，有斐君子，终不可谖[19]兮。"如切如磋者，道学[20]也；如琢如磨者。自修[21]也；瑟兮僴兮者，恂栗[22]也；赫兮喧兮者，威仪[23]也；有斐君子，终不可谖兮者，道盛德至善，民之不能忘也。

《诗》[24]云:"于戏[25]!前王[26]不忘。"君子[27]贤其贤而亲其亲,小人[28]乐[29]其乐而利其利,此以没世不忘也。

今注

1　《诗》云:"邦畿千里,惟民所止。"这两句诗,见《诗经·商颂·玄鸟》。

2　邦畿千里:畿昔基,疆也;邦畿,国境也。朱注:"邦畿,王者之都也。"旧说:天子统治之地千里,称为"王畿"。

3　民所止:人民所居之处。

4　《诗》云:"缗蛮黄鸟,止于丘隅。"这两句诗,见《诗经·小雅·绵蛮》。

5　缗蛮:缗,音绵,《诗》作"绵"。缗蛮,鸟声。

6　丘隅:意指山岑草木茂密之处。

7　《诗》云:"穆穆文王,于缉熙敬止。"这两句诗,见《诗经·大雅·文王》。

8　穆穆:美也,又敬也。按《礼记·曲礼》:"天子穆穆"疏:"威仪多貌",义实互备。朱注:"深远之意。"

9　于缉熙敬止:于,音乌,朱注:"于,叹美辞。缉,继续也。熙,光明也。敬止,言其无不敬而安所止也。"

10 《诗》云："瞻彼淇澳，……"这几句诗，见《诗经·卫风·淇澳》。

11 淇澳：淇，水名。澳，音欲，隈也，即水涯曲折之处。

12 猗猗：美盛貌。猗，音衣。

13 斐：音匪，文采貌。

14 如切如磋：治骨曰切，治象曰磋。朱注："治骨角者，既切而复磋之，言其治之有绪，而益致其精也。"后人本此，每引以喻学问之观摩，或朋友之攻错。磋，音蹉。

15 如琢如磨：治玉曰琢，治石曰磨。琢磨，喻事物之精益求精也。琢，音酌。

16 瑟：音色，严密貌。

17 僩：音限，武毅貌。

18 赫喧：喧著盛大之貌。

19 諠：音宣，忘也。

20 道学：道，言也。学，谓讲习讨论之事。

21 自修：谓省察克治之功。

22 恂栗：战惧也，容貌严厉也。恂，音旬，或作"峻"。

23 威仪：谓仪容使人敬畏也。

24 《诗》云："于戏！前王不忘。"这两句诗，见《诗经·周颂·烈文》。

25　于戏：同呜呼，叹辞。

26　前王：谓文王武王。

27　君子：泛指在位的贤人或君主。

28　小人：泛指一般的庶民。

29　乐：音洛。

今译

《诗经·商颂·玄鸟》中说："一国京城的千里之地，是人民居止的处所。"《诗经·小雅·绵蛮》中说："缗蛮地鸣叫着的黄鸟，栖止在山岑草木丛密的地方。"孔子感慨地说："一只小鸟尚且知道它所应当栖止的地方，难道一个人反而不如小鸟吗？"

《诗经·大雅·文王》中说："庄敬奋勉的文王，能持续光大其明德，敬守其所止的至善之地。"所以为人君的人要以做到爱护人民为依归；做臣下的人要以做到尊敬君上为依归；做子女的人要以做到孝顺父母为依归；做父母的人要以做到慈爱子女为依归；和国人交往，要以做到诚信为依归。

《诗经·卫风·淇澳》中说："看那淇水岸边弯曲的地

方,绿色的竹子多么美好而茂盛。有个文采斐然的君子,他的治学修德就如同切骨、磋象、琢玉、磨石一样,精益求精。他的仪容举止,庄重而威武,煊赫而盛大,这样一位文采斐然的君子,使人永远不能忘记啊。""如切如磋",是说他研求学问的功夫;"如琢如磨",是说他省察克治的功夫;"瑟兮僩兮",是说他戒慎恐惧的态度;"赫兮喧兮",是说他令人敬畏的仪表;"有斐君子,终不可諠兮",是说他盛大德性臻于至善的地步,人民所以不能忘记他啊。

《诗经·周颂·烈文》说:"呜呼!前王(指文王、武王)的德行我们不能忘记啊。"后世的贤人和君主,仰赖文王和武王的教化,尊敬他们所尊敬的那样的贤人,亲近他们所亲近的那样的亲人;后世的人民,也仰赖文王和武王的教化,享受他们所赐予的安乐和福利。所以在他们没世以后永久也不能忘记啊!

右传之三章,释"止于至善"。

今译

(朱子说)右边传文第三章,是阐释"止于至善"的义理的。

子曰:"听讼¹,吾犹人²也。必也,使无讼乎!"无情³者不得尽其辞⁴,大畏民志⁵;此谓知本。

今注

1 听讼:谓察听争讼者的话,就是审讯讼案。

2 犹人:不异于人也。

3 情:实也。

4 辞:此处系指虚诞之辞。

5 大畏民志:意谓在上者之明德既明,自然能使人民的心志为之畏服。

今译

孔子曾说:"听断讼案我原和别人没有两样,最要紧的,是要使它根本没有讼事啊!"要使那没有真情实事的人不敢陈说虚诞的言辞来控告别人,自然没有争讼,但这要平时在上的人有其明德足以畏服人民的心志。这就叫作知道息讼的根本。

右传之四章,释"本末"。

今译

(朱子说)右边传文第四章,是阐释"本末"的义理的。

此谓知本¹,此谓知之至也²。

今注

1　此谓知本:这一句和上一章的末句相同,程子以为是"衍文",就是多余的一句,应该删去。

2　此谓知之至也:朱子以为这一句的上面有阙文,这是阙文结尾的一句。

右传之五章,盖释格物致知之义,而今亡¹矣。闲尝窃取程子之意以补之曰:所谓致知在格物者,言欲致吾之知,在即物而穷其理²也。盖人心之灵,莫不有知;而天下之物,莫不有理;唯于理有未穷,故其知有不尽也。是以大学始教,必使学者即凡天下之物,莫不因其已知之理而益穷之,以求至乎其极。至于用力之久,而一旦豁然³贯通焉，则众物之表里精粗⁴无不到，而吾心之全体大用无不明矣。此谓物格，此谓知之至也。

今注

1　亡：失也。
2　即物而穷其理：意谓就每一事物而穷究其性理。
3　豁然：开通貌。
4　表里精粗：表，外也。里，内也。精粗：粗细也。（内外巨细。）

今译

（朱子说）右边传文第五章，大概是阐释"格物致知"的义理的。现在已经遗失了。我曾私下里仿照程子的意思作一章把它补起来说：经文中所说"致知在格物"的意思，是说要想推广穷极我的知识，在于就每一事物而穷究其性理。因为人的心是灵明的，没有一个不具有识见；至于天下的事物，也没有一件不具有性理；只是对于事物的性理研究没有彻底，因而知识就不能达到无所不尽的地步。所以《大学》开始教人，一定要使求学的人，对于天下的一切事物，用他已经知道的道理做基础，更进一步去钻研穷究，以求其造诣达于极点。等到用力研究的时间久了，自然会有一天心窍顿开，贯通了一切道理，于是一切事物的内外巨细无不知晓，同时，用以理解一切事物的我心之整体和它的重大作用也就完全明白了。这就叫作事物真理穷究明澈，也叫作知识的极点。

所谓"诚其意"者，毋[1]自欺[2]也。如恶恶[3]臭，如好好[4]色，此之谓自谦[5]，故君子必慎其独[6]也。

小人[7]闲居[8]为不善，无所不至；见君子而后厌然[9]，揜[10]其不善，而著[11]其善。人之视己，如见其肺肝然，则何益矣？此谓诚于中，形于外。故君子必慎其独也。

曾子曰："十目所视，十手所指，其严乎[12]！"

富润屋，德润身[13]，心广[14]体胖[15]。故君子必诚其意。

今注

1　毋：禁止之辞。

2　自欺：谓知为善以去恶，而心之所发，有未实也。

3　恶恶：上一个"恶"字，读悟，动词，憎也。下一个"恶"字，读厄，形容词，不善也。

4　好好：上一个"好"字，读去声，音号，动词，爱也。下一个"好"字,读上声,形容词,美也。

5 谦:读作"慊",快也,足也。

6 独:独处也,人所不知不见,而己所独处之时也。

7 小人:"君子"的反面。"君子",是有道德的人的称谓。

8 闲居:闲,音贤。闲居,独处也。

9 厌然:厌,读作"掩"。厌然,闭藏貌。就是藏藏躲躲见不得人的样子。

10 揜:音掩,覆蔽也,就是遮掩的意思。

11 著:显明之也。

12 其严乎:严,敬畏也。其严乎,是说敬畏之甚也。

13 润身:润,益也,泽也。润身,谓润益其身,荣泽见于外也。可引申为修养身心之意。

14 广:宽大之意。

15 胖:音盘,郑注:犹大也。朱注:安舒也。

今译

经文中所说"诚其意"的意思,是说不要自己欺骗自己。要使恶恶如同厌恶腐坏的气味一样,好善如同喜爱美色一样,这就是求得自快自足,没有丝毫矫饰的意思。所以君子致力于自修，特别慎重在一个人独处而所行所为没有别人知道的时候。

小人在他一个人独处的时候做坏事，无所不为，见到君子便藏藏躲躲地掩盖他的坏处，彰显他的好处，可在别人看来，如同看见他的肺腑一样。这样掩饰，又有什么益处呢？这就是说一个人内心的真实，一定会表现于外的，所以君子致力于自修，特别慎重在一个人独处而所行所为没有别人知道的时候。

曾子说："在一个人独处的时候，就像有十只眼睛在注视着自己，十只手在指着自己，这是多么严峻而可畏啊！"

有钱的人总是要装饰他的房屋，但是有德的人则由于注意身心修养，心怀宽畅，自然身体也安和舒泰了。所以君子一定要诚实内心所发的意念。

右传之六章，释"诚意"。

今译

（朱子说）右边传文第六章，是阐释"诚意"的义理的。

所谓"修身在正其心"者,身[1]有所忿懥[2],则不得其正[3];有所恐惧,则不得其正;有所好乐[4],则不得其正;有所忧患,则不得其正。心不在焉,视而不见,听而不闻,食而不知其味。此谓"修身在正其心"。

今注

1　身:程子说:"身,当作心。"

2　忿懥:怒也。忿,音愤;懥,音致。

3　不得其正:朱子注:"盖是四者(忿懥、恐惧、好乐、忧患),皆心之用,而人所不能无者,然一有之而不能察,则欲动情胜,而其用之所行,或不能不失其正矣。"

4　好、乐:皆去声,好,音号;乐,音曜,爱好喜欢之意。

今译

经文中所说"修身在正其心"的意思,是说心里有了愤怒,于是心就不得端正;有了恐惧,于是心就不得端正;有了贪图,于是心就不得端正;有了愁虑,于是心就不得端正。如果心不专注,心中有了愤怒、恐惧、贪图、愁虑而不知检察,为它们所支配,那么,眼睛看着东西却像没有看到，耳朵听着声音却像没有听到，口里吃着东西也不知道是什么滋味了。这就是说修身在于端正自己的心。

右传之七章，释"正心修身"。

今译

（朱子说）右边传文第七章，是阐释"正心修身"的义理的。

所谓"齐其家在修其身"者，人[1]之[2]其所亲爱而辟[3]焉，之其所贱恶[4]而辟焉，之其所畏敬而辟焉，之其所哀矜[5]而辟焉，之其所敖[6]惰[7]而辟焉。故好[8]而知其恶，恶[9]而知其美者，天下鲜[10]矣。故谚[11]有之曰："人莫知其子之恶，莫知其苗之硕[12]。"此谓身不修，不可以齐其家。

今注

1　人：谓众人。

2　之：犹于也。

3　辟：同僻，偏也。

4 恶：读悟，动词，憎也。

5 哀矜：犹言哀怜。

6 敖：倨慢也。

7 惰：不敬也，懈怠也。

8 好：去声，音号。

9 恶：读悟，动词，憎也。

10 鲜：上声，音险，少也。

11 谚：音彦，俗语也。

12 硕：大也。

今译

经文中所说"齐其家在修其身"的意思，是说一般人对于自己所亲近爱护的人存有偏见，一味地亲近爱护他；对于自己所轻蔑厌恶的人存有偏见，一味地轻蔑厌恶他；对于自己所畏服敬重的人存有偏见，一味地畏服敬重他；对于自己所哀怜悯恤的人存有偏见，一味地哀怜悯恤他；对于自己所鄙视怠慢的人存有偏见，一味地鄙视怠慢他。所以，喜爱一个人而又能了解他的坏处，厌恶一个人而又能了解他的好处，这种人真是天下少有的。因此俗语说："人都不知道自己儿子的坏处，不满足自己禾苗的茁壮。"这就是由于受情感支配不知不觉地而存着一种偏见，也就是没有做好修身的功夫。所以说身不修好就不能整治好自己的家。

右传之八章，释"修身齐家"。

今译

（朱子说）右边传文第八章，是阐释"修身齐家"的义理的。

所谓"治国必先齐其家"者，其家不可教，而能教人者，无之。故君子不出家，而成教于国[1]：孝者，所以事君也；弟[2]者，所以事长[3]也；慈者，所以使众也。《康诰》曰："如保赤子[4]。"心诚求之，虽不中[5]，不远矣。未有学养子而后嫁者也。

一家仁，一国兴仁；一家让，一国兴让；一人[6]贪戾[7]，一国作乱；其机[8]如此。此谓一言偾事[9]，一人定国。尧舜帅[10]天下以仁，而民从之；桀纣帅天下以暴，而民从之。其所令反其所好[11]，而民不从。是故君子有诸己，而后求诸人；无诸己，而后非诸人[12]。所藏乎身不恕[13]，而能喻[14]诸人者,未之有也。故治国在齐其家。

《诗》[15]云:"桃之夭夭[16],其叶蓁蓁[17]。之子[18]于归[19],宜[20]其家人。"宜其家人,而后可以教国人。《诗》[21]云:"宜兄宜弟。"宜兄宜弟,而后可以教国人。《诗》[22]云:"其仪[23]不忒[24],正是四国[25]。"其为父子兄弟足法,而后民法之也。此谓治国在齐其家。

今注

1 君子不出家,而成教于国:朱注:"身修则家可教矣;孝弟慈,所以修身而教于家者也,然而国之所以事君事长使众之道,不外乎此。此所以家齐于上,而教成于下也。"

2 弟:同悌,音替,善事兄长之谓。

3 长:上声,音掌,尊长,长辈。又位高也。

4 赤子:婴儿也。《尚书·康诰》:"如保赤子"疏:"子生赤色,故言赤子。"

5 中:去声,音众,矢至的也,又合也。

6 一人:谓君也。

7 戾:音利,乖背也,虐也。

8 机:发动所由也。

9　偾事：败事也。偾，音奋。

10　帅：音率，统率也。下同。

11　好：去声，音号。

12　君子有诸己……而后非诸人：朱注："有善于己，然后可以责人之善；无恶于己，然后可以正人之恶；皆推己以及人，所谓恕也。"

13　恕：推己及人也。

14　喻：晓也。

15　"桃之夭夭"四句：见《诗经·周南·桃夭》。

16　夭夭：少好貌。

17　蓁蓁：美盛貌。蓁，音臻。

18　之子：犹言此子。

19　于归：于，往也。按古谓妇人以夫家为家，故以嫁为归。

20　宜：犹善也。

21　"宜兄宜弟"：见《诗经·小雅·蓼萧》。

22　"其仪不忒"两句：见《诗经·曹风·鸤鸠》。

23　仪：法也，礼也。此处意谓行为规范。

24　忒：音特，差也。

25　正是四国：意谓匡正四方的国家。

今译

经文上所说"治国必先齐其家"的意思,是说如果自己家里的人都教不好,反而能教好别人,这是没有的事。所以君子能够不出家门,就把他的教化推广及于全国。道理是:在家里孝顺父母,就是能侍奉君主的;在家里恭顺兄长,就是能侍奉尊辈长上的;在家里慈爱子女,就是能善于使用属下和民众的。《尚书·康诰》中说:"(爱护百姓),像爱护婴儿一样。"如果诚心这样爱护人民,虽不能完全做得合乎目标,但也自然相差不远了。天下女子从来没有先学会养育孩子而后再出嫁的啊。

国君的一家能够践行仁爱,仁爱就会在一个国家里盛行起来;国君一家能够践行礼让,礼让就会在一个国家里盛行起来;要是国君贪婪暴戾,那么一国的人也会跟着起来作乱了。这种转变风气的枢机作用,是这般重大。所以说一句话可以败坏事情,一个人也可以平定国家。唐尧、虞舜以仁爱领导天下,百姓也跟着践行仁爱;夏桀、商纣以暴虐领导天下,百姓也跟着做出残暴的事情。倘若自己的行为是残暴不仁的,而要命令百姓践行仁爱,他们是不会听从的。所以有道的国君一定先使自己有了善行,然后再要求别人行善;先使自己没有恶行,然后再禁止别人作恶。如果自身未具备推己及人的恕道，而想晓谕别人听从自己的话，那是从来没有的事。所以说治理国家要先整治自己的家。

《诗经·周南·桃夭》中说："桃花是那么娇嫩美好，叶子又是那么茂盛，像花一样美好的这个女子，嫁到夫家，一定会和睦他的家人。"能够和睦家人，然后才可以供一国的人效法。《诗经·小雅·蓼萧》中说："和睦兄长和弟弟。"能够和睦一家的兄弟，然后才可以供一国的人效法。《诗经·曹风·鸤鸠》中说："他的行为规范一无差错，可以匡正四方的国家。"正因为他在做父、子、兄、弟时，一切行为都足够做别人的模范，然后人民都效法他。这就叫作要治理国家必须先整治自己的家。

右传之九章，释"齐家治国"。

今译

（朱子说）右边传文第九章，是阐释"齐家治国"的义理的。

所谓"平天下在治其国"者，上老老[1]而民兴[2]孝，上长长³而民兴弟⁴，上恤⁵孤⁶而民不倍⁷。是以君子有絜矩之道⁸也。

所恶⁹于上，毋以使下；所恶于下，毋以事上；所恶于前，毋以先¹⁰后；所恶于后，毋以从前；所恶于右，毋以交于左；所恶于左，毋以交于右。此之谓絜矩之道。

《诗》¹¹云："乐¹²只¹³君子，民之父母。"民之所好好¹⁴之，民之所恶恶之，此之谓民之父母。

《诗》¹⁵云："节¹⁶彼南山，维石岩岩¹⁷；赫赫¹⁸师尹¹⁹，民具²⁰尔瞻²¹。"有国者不可以不慎，辟²²，则为天下僇²³矣！

《诗》²⁴云："殷²⁵之未丧²⁶师²⁷，克²⁸配²⁹上帝³⁰；仪³¹监³²于殷，峻命³³不易³⁴。"道³⁵得众、则得国，失众、则失国。

是故君子先慎乎德³⁶，有德此有人³⁷，有人此有土³⁸，有土此有财，有财此有用³⁹。德者本也，财者末也。外本内末⁴⁰，争民施夺⁴¹。是故财聚则民散，财散则民聚。是故言悖而出者，亦悖而入；货悖而入者，亦悖而出⁴²。

《康诰》⁴³曰："唯命不于常⁴⁴。"道⁴⁵善则得之，不善则失之矣。《楚书》⁴⁶曰："楚国无以为宝，唯善⁴⁷以为宝。"舅犯⁴⁸曰："亡人⁴⁹无以为宝，仁亲⁵⁰以为宝。"

《秦誓》⁵¹曰："若有一介⁵²臣，断断⁵³兮，无他技；其心休休⁵⁴焉，其如有容焉。人之有技，若己有之；人之彦⁵⁵圣⁵⁶，其心好之；不啻⁵⁷若自其口出，实能容之，以能保我子孙黎民⁵⁸，尚⁵⁹亦有利哉！人之有技，媢嫉⁶⁰以恶之；人之彦圣，而违⁶¹之俾不通；实不能容，以不能保我子孙黎民，亦曰殆⁶²哉！"

唯⁶³仁人，放流⁶⁴之，迸⁶⁵诸四夷⁶⁶，不与同中国。此谓唯仁人为能爱人，能恶人。

见贤而不能举⁶⁷，举而不能先，命⁶⁸也；见不善而不能退，退而不能远⁶⁹，过也。好人之所恶，恶人之所好，是谓拂⁷⁰人之性，菑⁷¹必逮⁷²夫⁷³身。

是故君子有大道⁷⁴，必忠信⁷⁵以得之，骄泰⁷⁶以失之。生财有大道：生之者众，食之者寡，为之者疾，用之者舒，则财恒⁷⁷足矣⁷⁸。

仁者以财发⁷⁹身，不仁者以身发财⁸⁰。未有上好仁，而下不好义者也；未有好义，其事不终者也；未有府库财，非其财者也⁸¹。

孟献子⁸²曰："畜⁸³马乘⁸⁴，不察于鸡豚；伐冰之家⁸⁵，不畜牛羊；百乘之家⁸⁶，不畜聚敛⁸⁷之臣⁸⁸；与其有聚敛之臣，宁有盗臣⁸⁹。"此谓国不以利为利，以义为利也。

长国家⁹⁰而务财用⁹¹者，必自⁹²小人矣；彼为善之⁹³，小人之使为国家，菑害并至，虽有善者，亦无如之何矣。此谓国不以利为利，以义为利也。

今注

1　老老：上一个"老"字是动词，下一个"老"字是名词。朱注："老老，所谓老吾老也。"就是以尊敬老者的态度服侍老者之意。

2　兴：谓有所感发而兴起也。

3　长长：两字皆上声，音掌，上一个"长"字是动词，下一个"长"字是名词，长长，敬重长辈之意，与"老老"句法相同。

4　弟：同悌。

5　恤：音洫，怜悯也，救助也。

6　孤：幼而无父曰孤。

7　倍：与背同，反也。

8　絜矩之道：朱注："絜，度也。矩，所以为方也。……君子必当因所同（指人心），推以度物，使彼我之间，各得分愿，则上下四旁，均齐方正。"意思是说：君子了解大家的心理是相同的，一切作为，都要站在他人立场上来设想，人同此心，心同此理，好像拿方尺去量物一样，使上下四方一切事物都得到均齐平正。这就是所谓"絜矩之道"。

9　恶：去声，音悟，厌恶也。以下各字均同。

10　先：去声，音霰，动词，导也，先事而为也。

11　"乐只君子"两句：见《诗经·小雅·南山有台》。

12　乐：音洛。

13　只：音纸，语中助词。

14　好好：并去声，音号。下同。

15　"节彼南山"四句：见《诗经·小雅·节南山》。

16　节：截然高大貌。

17　岩岩：积石貌。

18　赫赫：显盛貌。

19　师尹：周太师尹氏。

20　具：俱也。

21　瞻：仰视也。

22　辟：同僻，偏也。

23　僇：同戮，刑戮也。

24　"殷之未丧师"四句：见《诗经·大雅·文王》。

25　殷：朝代名。商朝传至盘庚，迁都于殷，并改国号曰殷。

26　丧：去声，四浪切，失也。

27　师：众也。

28　克：能也。

29　配：对也。

30　上帝：天帝也。

31　仪：《诗》作"宜"。

32　监：视也。《诗》作"鉴"，镜也，诫也。

33　峻命：峻，大也。《诗》作"骏"。峻命，天命也。

34　不易：言难保也。

35　道：言说也。

36　先慎乎德：德，即所谓明德。先慎乎德，就是先谨守自己的明德的意思。

37　有人：谓得众。

38　有土：谓得国。

39　有财此有用：谓国家财用充裕。

40　外本内末：谓人君应重内轻外。如反之，以德为外，以财为内。即轻德重财之意。

41　争民施夺：朱注："争斗其民，而施之以劫夺之教也。"即争利于民教民劫夺之意。

42 悖入悖出：悖，音备，乱也，逆也，不合理也。悖入悖出，就是不合理进来也不合理出去的意思。譬如人君搜刮老百姓的财货，就是悖入；将来财货也被人夺走，就是悖出。

43 《康诰》：《尚书·周书》篇名。

44 唯命不于常：唯，发语词。命，天命。这句话意思是：天命是不常在的。就是说君主有善德就能得天命，无善德就要失去天命。

45 道：言也。

46 《楚书》：楚语。

47 善：朱注：善人。

48 舅犯：狐偃，春秋时晋人，字子犯，晋文公重耳之舅，故又称"舅犯"。晋文公为公子时，出亡在外，偃从十九年。

49 亡人：流亡在国外的人，此处特指重耳（晋文公），重耳为公子时，因其父晋献公宠幸骊姬，太子申生被杀，乃逃亡到国外，故舅犯称之为"亡人"。

50 仁亲：仁爱而相亲也。

51 《秦誓》：《尚书·周书》篇名。

52 个：个，一作"介"，系因形相似而误，应作"个"。

53　断断：诚一貌，守善之貌。

54　休休：乐善而宽大也。

55　彦：美士也。

56　圣：通明也。

57　不啻：啻，犹止也，不啻，犹言不止也。

58　黎民：黎，众也。黎民，众民也。

59　尚：庶几也。

60　媢嫉：犹言妒恨。媢，音冒。

61　违：拂戾也。

62　殆：危也。

63　唯：语助词，又独也。

64　放流：放逐也。

65　迸：同屏，斥逐也。（《集韵》：迸，披耕切，音怦。）

66　四夷：东夷、西戎、南蛮、北狄也。统指处于边疆文化落后民族。

67　举：荐举也。

68　命：朱注："郑氏云：'当作慢。'程子云：'当作怠。'未详孰是。"按：两说皆可通。

69　远：去声，音怨，动词，疏而离之也。

70　拂：逆也。

71　菑：古灾字。

72　逮：音代，及也。

73　夫：音扶，助词。

74　道：朱注："道，谓居其位而修己治人之术。"

75　忠信：朱注："发己自尽为忠，循物无违谓信。"

76　骄泰：朱注："骄者矜高，泰者侈肆。"即自尊自大奢侈放肆之意。

77　恒：常也。

78　"生之者众"五句：朱子注："吕氏曰：'国无游民，则生者众矣；朝无幸位，则食者寡矣；不夺农时，则为之疾矣；量入为出，则用之舒矣。'"愚按："此因有土有财而言，以明足国之道，在乎务本而节用，非必外本内末而后财可聚也。"

79　发：犹起也。

80　"仁者以财发身"两句：朱注："仁者散财以得民，不仁者亡身以殖货。"

81　"未有上好仁"六句：朱注："上好仁以爱其下，则下好义，以忠其上，所以事必有终，而府库之财，无悖出之患也。"

82　孟献子：鲁国贤大夫，仲孙蔑也。

83　畜：养也。此处作"具备"解。

84　畜马乘：朱注："士初试为大夫者也。"乘，去声，车也，一车四马曰一乘。

85　伐冰之家：朱注："卿大夫以上，丧祭用冰者也。"伐，犹凿也。

86　百乘之家：朱注："有采地者也。"采地，卿大夫所封食邑也。所谓采者，不得有其土地人民，采取其租税尔。

87　敛：去声，音练，收聚之意。

88　聚敛之臣：指搜括民间财物之家臣。

89　盗臣：指偷窃公家财物之家臣。

90　长国家：长，上声，音掌，长国家，为国家之首长也。

91　务财用：务，专力也。务财用，谓专致力于聚敛财货也。

92　自：由也。又用也。

93　彼为善之：朱注："此句上下，疑有阙文误字。"

今译

经文上所说"平天下在治其国"的意思,是说在上位的人如能孝养自己的亲老,人民就会起来效法而孝顺他们的父母了;在上位的人如能尊敬自己的长辈,人民就会起来效法而善待他们的兄长了;在上位的人如能怜悯救助孤弱的人,人民自然也会跟着去做而不致有所违背了。这就是推己及人、以身作则的道理,这道理就是所谓絜矩之道,是在上位的人所应有的。

凡是我所厌恶在我上面的人对我的那种态度,我就不可以拿那种态度去对待在我下面的人;同样地,凡是我所厌恶在我下面的人对我的那种行为,我也不可以拿那种行为去侍奉在我上面的人;我厌恶在我前面的人对我所做的那种事情,我就不可以做那种事情去对待在我后面的人;我厌恶在我后面的人对我所做的那种事情,我就不可以做那种事情去对待在我前面的人;我厌恶在我右边的人对我的某种恶行,我就不可以把同样的恶行加之于在我左边的人;我厌恶在我左边的人对我的某种恶行,我就不可以把同样的恶行加之于在我右边的人。所谓上下、前后、左右,就是包括一切的人,也就是"己所不欲、勿施于人"的道理,也就是前面所说的"絜矩之道"。

《诗经·小雅·南山有台》中说:"和悦的君子,是万民的父母。"人民所喜爱的事情他也喜爱而乐于去做,人民所厌恶的事情他也厌恶而把它摒弃,这样的君子真算得上是万民的父母。

《诗经·小雅·节南山》中说:"高大的南山,岩石嶙峋而险峻,权位显盛的太师尹氏,是人民所共同仰望的。"拥有国家的人不可不谨慎从事,倘若一切好恶都出于一己偏私而违反民心,就要被天下人所诛戮了。

《诗经·大雅·文王》中说:"殷朝在未失去民心的时候,国君可以匹配天帝而为天下之主,一旦失去民心就亡了国。有国家的人应该以殷亡做鉴戒,天命是不容易长久保得住的啊!"这是说:能得到民众的爱戴,就有国家;失去了民众,就没有国家了。

为了这个缘故,所以有国家的人先要谨慎地从本身的"明德"着手。有了明德之后,自然就有了人民;有了人民自然就能有国土;有了国土自然就有财货;有了财货自然就有用度。德是根本,财是末节,轻德重财,那就是争利于民而施行劫夺的教化了。所以聚敛民财集中在国库之内,则人民生活困苦,势必流离四散;把国库之财散之于民,则人民生活优裕,自然就集聚而来归附了。所以你如果说出一句不合道理的话,别人也会有一句不合道理的话来回答你;财货如果是劫夺而来的,也必然被别人劫夺而去。

《尚书·康诰》中说:"天命是不常在的。"是说君主如能行爱民的善政就可以保得天命,否则就要失去天命,不能保有天下了。《楚书》上说:"楚国没有把金玉当作宝贝,只把善人当作宝贝。"晋公子重耳的母舅狐偃说:"流亡的人没有可作宝贝的事物,只把'仁爱'和'相亲'当作宝贝。"

《尚书·秦誓》中说:"假如有一个臣子,为人诚恳忠贞,而没有其他的技能,但他胸怀宽大,能容、乐于为善。别人如有技能,就如同他自己有的一样;别人若有俊才明智,他便由衷地喜爱。不只是像他口里所说的那样,而且是真心实意地容纳他。用这种人来保护我的子孙民众,庶几是有利的啊。反之,别人如有技能,就妒恨地厌恶他;别人若有俊才明智,他就阻碍他使之不能进用,根本不容纳好人,用这种人来保护我的子孙民众,那可以说是危险极了!"

只有仁人,能把这种嫉贤忌才的人放流出去,逐他到边远蛮荒的地方,不让他留在中国境内。这就是说,只有大公无私的仁人,才能热爱好人,才能深恶痛绝那些坏人。

见到贤才而不能荐举，或是已经举荐却又不能先于己而重用，这就是怠忽的行为；见到坏人而不能予以黜退，或是已予黜退却又不能驱之远离，这就是罪过的行为。如果你喜爱大家所厌恶的坏人，厌恶大家所喜爱的好人，这叫作违反人的本性，灾祸必然会降临到你的身上。

　　因此，在高位的人有修己治人的法则：那就是尽己为众，顺物诚事，一切才能得到；如果是自矜自大，奢侈放肆，便将失去一切。生财也有一种法则：从事生产的人多，吃俸禄而不能做事的人少，及时致力农耕，节省公家用度，这样，国家的财富就常常充裕了。

　　有仁德的国君散财以裕民，因而获得民心，增益自身的德望；没有仁德的国君搜刮民财，终必招致亡身之祸。从来没有在上的国君爱行仁政，而在下的臣民不以忠义事君的事情；从来没有臣民都以忠义事君，而有什么事情做不成功的道理；也从来没有听说国库里的财货不是国君所有的哩。

　　鲁国的贤大夫孟献子曾说："有车一乘的大夫之家，不应该计较饲养鸡豚的微利；丧祭用冰的卿大夫之家，不应该饲养牛羊以图利；有车百乘并有封地的卿大夫之家，不应该养聚敛民财的家臣。与其有敛财的家臣，宁可有盗财的家臣。"这是说：一个国家不应该以财货为利，而应该以仁义为利。

做国家的首长而专致力于敛财为用，一定是任用小人，由于小人善于做敛财的事情。使用小人为国家做事，一定会弄得天灾人祸一齐来到，这时虽有贤能的人，也没有什么办法了。这是说：一个国家不应该以财货为利，而应该以仁义为利。

右传之十章，释"治国平天下"。

凡传十章，前四章，统论纲领旨趣；后六章，细论条目工夫；其第五章，乃明善之要；第六章，乃诚身之本。在初学尤为当务之急，读者不可以其近而忽之也。

今译

（朱子说）右边传文第十章，是阐释"治国平天下"的义理的。

以上传文共有十章，前面四章是总论经文的纲领宗旨，后面的六章是细论经文的条目和功夫；其中第五章是明善的要义；第六章是诚身的根本道理。这在初学的人更是应该急切讲求的，读者决不可因为它很浅近而就忽略了。

中庸[1]

子程子²曰:"不偏之谓中,不易之谓庸;中者,天下之正道,庸者,天下之定理。此篇乃孔门传授心法³,子思⁴恐其久而差也,故笔之于书,以授孟子⁵。其书始言一理,中散为万事,末复合为一理。放之则弥⁶六合⁷,卷之则退藏于密。其味无穷,皆实学也。善读者玩索而有得焉,则终身用之,有不能尽者矣。"

今注

1 《中庸》:本为《小戴礼记》中的一篇。《汉书·艺文志·六艺略》有《中庸说》,《隋书·经籍志》有梁武帝《中庸讲义》，可知《中庸》早有单行本。宋儒特别加以提倡。南宋时朱熹把它和《大学》从《礼记》中取出，与《论语》《孟子》合而为"四书"，复为之章句集注。把全书分为三十三章，每章内容皆加以扼要的阐明。使读者获有系统的观念。按《中庸》一书作者，向来说是孔子孙子思（名伋），见《史记·孔子世家》。后世亦有人对此有疑问者，然无从举出实据。

2　程子：名颐，字正叔，洛阳人，宋朝大儒，世称伊川先生。其学本于诚，主于穷理，是理学派创始者，从学者甚众。

3　心法：本是佛家语，以心相印证者曰心法。程子袭用此语，即说明此乃口授心得之法，非笔墨所能尽传者。

4　子思：孔子孙，名伋，子思其字也。受学于曾子，尝为鲁缪公师，继孔子之传，作《子思》二十三篇。

5　孟子：战国时邹人，名轲，字子舆（一说子车），受业子思之门（一说受业子思之门人），与万章之徒，序《诗》《书》，述仲尼之意，作《孟子》七篇。

6　弥：音迷，遍也，满也。

7　六合：谓天地四方。

今译

程子说:"不偏于一方的(或理之一边的)叫作'中',不改变的叫作'庸'。'中'的意义是天下的正道,'庸'的意义是天下的定理。这一篇《中庸》是孔门传授的心得要法,子思恐怕年代久了传授会有差误,所以把它写录成书,传授给孟子。这本书开始只说一个道理,中间分开为万般事体,最后又合拢来归结到一个道理上。这个道理,放开来可以弥被六合,收起来可以归藏在隐秘的方寸之内。它的意味是无穷尽的,都是实实在在的学问。善于读书的人仔细推求自然会有心得,就是一生用它也是用不完的了。"

天命之谓性[1],率性之谓道[2],修道之谓教[3]。道也者,不可须臾[4]离[5]也;可离,非道也。是故君子戒慎乎其所不睹,恐惧乎其所不闻。莫见[6]乎隐[7],莫显乎微[8],故君子慎其独[9]也。

喜怒哀乐[10]之未发,谓之中[11];发而皆中节[12],谓之和[13]。中也者,天下之大本[14]也;和也者,天下之达道[15]也。致[16]中和,天地位[17]焉,万物育[18]焉。

今注

1　**天命之谓性**：朱注："命，犹令也。性，即理也。天以阴阳五行化生万物，气以成形，而理亦赋焉，犹命令也。于是人物之生，因各得其所赋之理，以为健顺五常之德，所谓性也。"按这一句意谓：人的本性是天所赋予的。就是说宇宙万物的性，都是自然而有的，此即天性；此天性中有其自然之理，亦即是天理，故朱子说："性，即理也。"

2　**率性之谓道**：朱注："率，循也。道，犹路也。人物各循其性之自然，则其日用事物之间，莫不各有当行之路，是则所谓道也。"按这一句意谓：遵循人性之自然，使其对于日用事物，皆能合于当然的规范，就是人生的大道。就是说能遵循天赋之性，亦即是合乎自然之理，这就是人生的当行之路。

3　**修道之谓教**：朱注："修，品节之也。性道虽同，而气禀或异，故不能无过不及之差。圣人因人物之所当行者而品节之，以为法于天下，则谓之教。若礼、乐、刑、政之属是也。"按这一句意谓：圣人的教化原就是遵循人性以修明人道。由于天赋的自然之性与当行之道，虽然相同，但各人气禀或有差异，自不能无过与不及的行为，因此圣人施行教化，是要修正、统一这些过与不及的差别，使之合于天性的自然与天理的当然的行为，而建立礼、乐、刑、政等四教。

4　须臾：俄顷，片刻。

5　离：去声，音利，去的意义。

6　见：音现，显也。

7　隐：暗处。

8　微：细事。

9　独：人所不知而己所独知之地。

10　乐：音洛。(《集韵》: 乐，历各切。)

11　喜怒哀乐之未发，谓之中：朱注："喜怒哀乐情也，其未发，则性也。无所偏倚，故谓之中。"

12　中节：中，去声，音众。中节，合乎节度无过与不及之意。

13　发而皆中节，谓之和：朱注："发皆中节，情之正也。无所乖戾，故谓之和。"

14　大本：朱注："大本者，天命之性。天下之理，皆由此出，道之体也。"

15　达道：朱注："达道者，循性之谓，天下古今之所共由，道之用也。"

16　致：推而极之也，又"得"也，圆满达成之意。
17　位：安其所也。
18　育：遂其生也。

今译

　　天所赋予人的气禀叫作本性，遵循本性去处世做事叫作正道，修明循乎本性的正道，使一切事物都能合于正道，就叫作教化。这个正道，是人们不能片刻离开的；如可以离开那就不是正道了。所以君子在没有人看到的地方要警戒谨慎，在没有人听到的地方要恐惧护持。要知道，最阴暗看不见的地方也是最容易发现的，最微细得看不见的事物也是最容易显露的，因此君子要特别谨慎一个人独居的时候。

　　喜怒哀乐的情感还没有发动的时候，心是平静的，无所偏倚的，这就叫作"中"；如果情感发了出来都能合乎节度，没有过与不及，这就叫作"和"。中，是天下万事万物的大本；和，是天下共行的大道。人如能把中和的道理推而极之，圆满而致得之，那么，天地一切都各安其所，万物也都各遂其生了。

右第一章，子思述所传之意以立言：首明道之本原出于天而不可易，其实体备于己而不可离，次言存养省察之要，终言圣神功化之极。盖欲学者于此反求诸身而自得之，以去夫外诱之私，而充其本然之善，杨氏[1]所谓一篇之体要是也。其下十章，盖子思引夫子之言，以终此章之义。

今注

1　杨氏：即杨时，字中立，宋将乐人。先后受业于程颢、程颐。朱熹、张栻之学，其源皆出于杨氏。晚隐龟山，学者称龟山先生。著有《二程粹言》《龟山集》。

今译

（朱子说）：右边一段是第一章，子思传述孔子的意思以作《中庸》。首先说明道的本原是出于天而不可加以改变的，而实际上道体是具备在我们自身，不可离开，其次说明"存养省察"功夫的大要，最后说到"圣神功化"的极致。这不外乎想要做学问的人，反过来求诸自己而悟出它的道理，祛除那由外界引诱而生的私欲，把那原出于天的本然的善性充实起来。这就是杨时先生所说："这一章是《中庸》一书里的纲领。"以下十章，是子思引述孔子的话，来完成这一章的义旨的。

仲尼¹曰:"君子中庸²,小人反中庸³。君子之中庸也,君子而时中;小人之反中庸也,小人而无忌惮也。"

今注

1　仲尼:孔子名丘,字仲尼。春秋时鲁国昌平乡陬邑(今山东曲阜)人。父叔梁纥,母颜氏徵在。生于周灵王二十一年,卒于周敬王四十一年(前551—前479)。生有圣德,学无常师。为鲁司空,又为大司寇,摄行相事,诛少正卯,鲁国大治。其后周游列国十三年,不见用。年六十八,返鲁,删《诗》《书》,订《礼》《乐》,赞《周易》,作《春秋》,弟子三千,身通六艺者七十二人。后世称"至圣先师"。

2　中庸:朱注:"中庸者,不偏不倚,无过不及,而平常之理,乃天命所当然,精微之极征也。"

君子中庸:朱注:"君子之所以为中庸者,以其有君子之德,而又能随时以处中也。"

3　小人反中庸:朱注:"小人之所以反中庸者,以其有小人之心,而又无所忌惮也。"

今译

孔子说:"君子的所作所为都合乎中庸的道理,小人的所作所为都违反中庸的道理。君子之所以能合乎中庸的道理,因为君子能随时居于中道,无过与不及;小人之所以违反中庸的道理,因为小人不知此理,不生戒慎恐惧的心,而无所不为。"

右第二章

今译

(朱子说)右边一段是第二章。

子曰:"中庸其至[1]矣乎!民鲜[2]能久矣!"

今注

1 至:犹言至善至美。
2 鲜:上声,音险,少也。

今译

孔子说:"中庸的道理,真是至善至美啊!可惜一般百姓多不能实行这种道理已经很久了。"

　　右第三章

今译

（朱子说）右边一段是第三章。

　　子曰："道¹之不行也，我知之矣：知²者过之，愚者不及也；道之不明也，我知之矣：贤者过之，不肖³者不及也。人莫不饮食也，鲜⁴能知味也。"

今注

　　1　道：朱注："道者，天理之当然，中而已矣。"按：此指中庸之道。

　　2　知：去声，同智。

　　3　不肖：不似也，不贤也。

　　4　鲜：上声，音险，少也。

今译

　　孔子说："中庸的道理之所以不能够行，我已知道它的原因了:聪明的人过于明白,以为不足行,而笨拙的人又根本不懂,不知道怎样去行。中庸的道理之所以不能显明,我已知道它的原因了:有才智的人做过分了,而没有才智的人却又做不到。犹之乎人们没有不饮不食的,但是很少有人能知道它的滋味。"

右第四章

今译

(朱子说)右边一段是第四章。

子曰:"道其不行矣夫[1]!"

今注

1　夫:读平声,音扶。语已词,犹乎也。

今译

孔子说:"中庸的道理恐怕不能够行了吧?"

右第五章

今译

(朱子说)右边一段是第五章。

子曰:"舜¹其大知²也与³!舜好⁴问而好察迩言⁵,隐恶而扬善,执其两端⁶,用其中于民,其斯以为舜乎!"

今注

1　舜:"虞帝"之号曰舜,史称"虞舜"。初居畎亩之中,能曲尽孝道,所居民多随之。唐尧举使摄政,乃除四凶,举八元八恺,天下大治。摄政三十年,受禅即帝位,有天下之号曰"有虞氏"。

2　知:同智。

3　与:平声,同欤。语末助词,此处表示感叹。

4　好:去声,音号。

5　迩言:朱注:"浅近之言。"

6　两端:朱注:"两端,谓众论不同之极致。"稍嫌混淆。郑玄则谓"两端,过与不及也",较为明确。

今译

孔子说:"舜可算得是大智的人吧!他喜欢询问别人的意见,而且对于那些很浅近的话也喜欢加以仔细地审度,他把别人错的和恶的意见隐藏起来,把别人对的和善的意见宣扬出来,并且把众论中之过与不及的加以折中,取其中道施行于民众,这就是舜之所以成为舜的道理吧!"

右第六章

今译

(朱子说)右边一段是第六章。

子曰:"人皆曰'予知[1]',驱而纳诸罟[2]擭[3]陷阱[4]之中,而莫之知辟[5]也。人皆曰'予知',择乎中庸[6]而不能期月[7]守也。"

今注

1 知:去声,同智。下同。
2 罟:音古,网也。
3 擭:音获,机槛也,为捕兽之具。

4　陷阱：谓坑也。穿地为坎，竖锋刃其中以陷兽也。阱，音净。（《集韵》：阱，疾政切。）

5　辟：与"避"同。

6　择乎中庸：朱注："择乎中庸，辨别众理，以求所谓中庸，即上章好问用中之事也。"

7　期月：匝一月也。期，音基。

今译

孔子说："人人都说'我是聪明的'，可是被别人驱入网内、机槛中或陷坑里却不知道避开。人人都说'我是聪明的'，可是所经选择的中庸之道他们连一个月的时间还守不满呢。"

右第七章

今译

（朱子说）右边一段是第七章。

子曰："回¹之为人也，择乎中庸，得一善，则拳拳服膺²而弗失之矣。"

今注

1　回：颜回，春秋鲁人，字子渊，亦称颜渊，是孔子弟子中第一贤人。敏而好学，问一知十，不迁怒，不贰过；贫居陋巷，箪食瓢饮，而不改其乐，最为孔子所称赞，卒时只三十二岁。

2　拳拳服膺：朱注："拳拳，奉持之貌。服，犹着也。膺，胸也。奉持而著之心胸之间，言能守也。"膺，音鹰。

今译

孔子说："颜回的做人，能够择取中庸的道理，得到一善，就奉持固守而不再把它失掉了。"

右第八章

今译

（朱子说）右边一段是第八章。

子曰："天下国家可均[1]也，爵禄可辞也，白刃可蹈[2]也，中庸不可能也！"

今注

1　均：作"平治"解。
2　蹈：音道，践也。

今译

孔子说："天下国家（言其大）是可以平治的，官位和俸禄（言其可贵）是可以辞掉的，闪亮的刀（言其可怕）是可以践踏上去的，中庸之道是不容易做得到的！"

右第九章

今译

（朱子说）右边一段是第九章。

子路[1]问"强"。子曰："南方之强[2]与[3]？北方之强[4]与？抑[5]而[6]强与？宽柔以教[7]，不报无道[8]，南方之强也，君子居之。衽金革[9]，死而不厌，北方之强也，而强者居之。故君子和而不流[10]，强哉矫[11]！中立而不倚[12]，强哉矫！国有道，不变塞[13]焉，强哉矫！国无道，至死不变，强哉矫！"

今注

1 子路:春秋时鲁国卞人,姓仲名由,字子路,一字季路。孔子弟子,性好勇,事亲孝。

2 南方之强:朱注:"南方风气柔弱,故以含忍之力胜人为强。"

3 与:平声,同欤。语末助词,此处表示疑问。下同。

4 北方之强:朱注:"北方风气刚劲,故以果敢之力胜人为强。"

5 抑:转语词。

6 而:汝也。

7 宽柔以教:朱注:"谓含容巽顺,以诲人之不及也。"

8 不报无道:朱注:"谓横逆之来,直受之而不报也。"

9 衽金革:衽,音任,或作"袵",席也。金革,戈兵甲胄之属。衽金革,即"以戈兵甲胄为卧席"的意思。

10 和而不流:谓与人和平相处而不随流俗转移。

11 强哉矫:矫,音狡,强貌。强哉矫,形容强者武勇之状。

12　中立而不倚：谓守中庸之道而不有所偏倚。

13　塞：朱注：未达也。谓未达时之所守。

今译

子路问孔子怎么叫作"强"。孔子说："你所问的是南方人的强呢，还是北方人的强呢？或是你自己的所谓强呢？用宽宏容忍的道理去教诲人，能忍受无理的欺侮而不予报复，这是南方人的强。君子安于此道。随身披戴戈兵甲胄，坐卧在一起，到死没有厌倦，这是北方人的强，勇武好斗的人安于此道。可是君子与人和平相处而不随流俗转移，这是真强啊！守着中庸的道理而不有所偏倚，这是真强啊！国家政治上轨道的时候，不改变贫困时的操守，这是真强啊！国家无道的时候，到死也不改变平生的志节，这是真强啊！"

右第十章

今译

（朱子说）右边一段是第十章。

子曰:"素隐行怪¹,后世有述²焉,吾弗为之矣。君子遵道而行,半涂³而废,吾弗能已⁴矣。君子依乎中庸,遯⁵世不见知而不悔,唯圣者能之。"

今注

1　素隐行怪:素,依郑玄注,同傃,义为向。素隐行怪,就是趋向于避害隐身,而行为诡谲。朱熹以为素是索之误,索隐行怪,言深求隐僻之理,而过为诡异之行也。按:此二说皆可以通。按:素隐似可作"追求隐僻生活"解。

2　述:谓称道也。

3　涂:道路也,同途。

4　已:止也。

5　遯:同遁,隐僻之意。

今译

孔子说:"追求隐僻生活,做些诡异怪诞的事,来欺世盗名,后世也会有人称道他的,我是不会这样做的。有些君子遵循着中庸之道去做,走到半路就停止了,我是不能中止的。君子依照中庸的道理而行,即使隐遁山林而不为世人所知也不懊悔，这只有圣人才能做得到。"

右第十一章

今译

（朱子说）右边一段是第十一章。

子曰："君子之道，费而隐[1]。夫妇之愚，可以与[2]知焉；及其至[3]也，虽圣人亦有所不知焉。夫妇之不肖，可以能行焉；及其至也，虽圣人亦有所不能焉。天地之大也，人犹有所憾。故君子语大，天下莫能载焉；语小，天下莫能破焉。《诗》[4]云：'鸢[5]飞戾[6]天，鱼跃于渊。'言其上下察[7]也。君子之道，造端[8]乎夫妇；及其至也，察乎天地。"

今注

1 费而隐：朱注："费，用之广也。隐，体之微也。"
2 与：去声，音预。作"参与"解。
3 至：极也。
4 《诗》云："鸢飞戾天，鱼跃于渊。"这两句诗，见

《诗经·大雅·旱麓》。

5　鸢：音鸳，属鸟类猛禽类，形略似鹰，故俗有鹞鹰之称。

6　戾：音利，至也。

7　察：著也。

8　造端：起始之意。

今译

孔子说："君子的道，用处很广而道体却隐微难见。就是没有知识的愚夫愚妇都是可以知晓的道理；可是讲到极精微之处，虽然是圣人也有所不知。不肖的夫妇也是可以实行的；可是极精微之处，虽然是圣人也有所不能。天地是这样的广博正大，而人们遭到自然灾害时还感到不满。所以君子的道，讲到大处，天下都承载不了；讲到细微之处，天下也无人能识破它的道理。《诗经·大雅·旱麓》中说：'鹞鹰一飞而上至天际，鱼儿一跃而下入深渊。'是说它们上及于天、下及于渊的自然而显著的性能。所以君子的道，从匹夫匹妇的简单生活起始；至其极致，能够明察天地间的一切事物。"

右第十二章,子思之言,盖以申明首章道不可离之意也。其下八章,杂引孔子之言以明之。

今译

(朱子说)右边一段是第十二章,是子思所说的话,乃是申说第一章所讲道不可一刻离开身心的意义。下面的八章,则是引述孔子的话来加以阐明。

子曰:"道不远人;人之为道而远人,不可以为道。《诗》[1]云:'伐柯[2]伐柯,其则[3]不远。'执柯以伐柯,睨[4]而视之,犹以为远。故君子以人治人,改而止。忠恕[5]违[6]道不远,施[7]诸己而不愿,亦勿施于人。君子之道四,丘未能一焉:所求[8]乎子以事父,未能也;所求乎臣以事君,未能也;所求乎弟以事兄,未能也;所求乎朋友先施之,未能也。庸[9]德之行,庸言之谨,有所不足,不敢不勉;有余不敢尽。言顾行,行顾言,君子胡不慥慥[10]尔!"

今注

1 《诗》云:"伐柯伐柯,其则不远。"这两句诗,见《诗经·豳风·伐柯》。

2 柯：斧柄。

3 则：法也。

4 睨：斜视也。

5 忠恕：朱注："尽己之心为忠，推己及人为恕。"

6 违：去也。

7 施：行也。

8 求：犹责也。下同。

9 庸：平常也。

10 慥慥：笃实貌。慥，音造。

今译

孔子说："道是离人不远的；人们好高骛远反而使道与人远离，那是不可以说是道的。《诗经·豳风·伐柯》中说：'伐柯伐柯，取法即在眼前。'（按毛诗朱注：柯，斧柄也。意思是说，执斧以伐柯，而成新斧。则不过即从此旧斧之柯，而得其新柯之法。）如果人们执着斧柄来削制另一个斧柄，斜着眼睛看看，还是觉得远，那是偏差错误的了。所以君子只是拿别人能知能行的自身本有的道理做法则，去教导人，使他改正便可。能做到尽己之心推己及人，就离中庸之道不远了，凡是别人加之于己身而自己不愿意的，也不要加之于别人的身上。君子的道有四件事，我还没有能做到一件：所希求为人子侍奉父母应该做的那些事情，可是那些事情我都没有能够完全做到；所希求做臣子侍奉君上应该做的那些事情，可是那些事情我都没有能够完全做到；所希求做弟弟的敬兄长应该做的那些事情，可是那些事情我都没能够做到；所希求处朋友之间对待朋友应该做的那些事情，可是那些事情我亦没有以身作则先完全做到。平常的德行尽力实践，平常的讲话力求谨慎，如有不周到的地方，不敢不勉力去做；多余的话不敢全说出来。说话时要顾到能做到的事，做事也要顾到所说的话，君子们何不努力笃行实践呢！"

右第十三章

今译

（朱子说）右边一段是第十三章。

君子素其位而行[1]，不愿乎其外。素富贵，行乎富贵；素贫贱，行乎贫贱；素夷狄，行乎夷狄[2]；素患难[3]，行乎患难。君子无入而不自得焉。

在上位，不陵[4]下；在下位，不援[5]上。正己而不求于人，则无怨。上不怨天，下不尤[6]人。故君子居易以俟命[7]，小人行险以徼幸[8]。

子曰："射有似乎君子，失诸正鹄[9]，反求诸其身。"

今注

1 素其位而行：朱注："素，犹现在也。言君子但因现在所居之位，而为其所当为。"

2 夷狄：古以称未开化之民族。

3 难：去声，患难也。

4 陵：侵侮也。

5 援：牵引也。

6 尤：归咎之意。

7 居易以俟命：朱注："易，去声，平地也。居易，素位而行也。俟命，不愿乎外也。"

8 徼幸：朱注："徼，求也。幸，谓所不当得而得者。"

9 正鹄：射之的也。正，音征。鹄，音谷。朱注："画布曰正，栖皮曰鹄，皆侯之中，射之的也。"

今译

君子就现在所处的地位去做他应该做的事,不希望去做本分以外的事。处在富贵的地位,就做富贵地位所应该做的事;处在贫贱的地位,就做贫贱地位所应该做的事;处在夷狄的地位,就做夷狄地位所应该做的事;处在患难的地位,就做患难地位所应该做的事。君子守道安分,无论在什么地位都是自得的。

处在上位不欺侮在下位的人,处在下位不攀附在上位的人。端正自己而对别人无所要求,自然没有什么怨恨。上不怨恨天,下不归咎他人。所以君子安于平易的地位等待天命到来的驱使,小人却要冒险去妄求非分的利益。

孔子说:"射箭很像君子的做人之道,射不中正鹄,不怪别的,只反求诸己怨自己的功夫不够。"

右第十四章

今译

(朱子说)右边一段是第十四章。

君子之道,辟如[1]行远,必自迩[2],辟如登高,必自卑³。

《诗》⁴曰:"妻子好⁵合,如鼓瑟琴⁶。兄弟既翕⁷,和乐⁸且耽⁹。宜尔室家,乐尔妻帑¹⁰。"子曰:"父母其顺矣乎!"

今注

1　辟如:同"譬如"。

2　迩:近也。

3　卑:低也。

4　《诗》曰:"妻子好合,……"这六句诗,见《诗经·小雅·常棣》。

5　好:去声,音号。

6　鼓瑟琴:朱注:"和也。"

7　翕:合也。

8　乐:音洛。

9　耽:音丹,乐也。

10　帑:音奴,子也,又,妻子之统称。

今译

君子的道,好比走远路,必须从近处开始,好比登高处,必须从低处开始。

《诗经·小雅·常棣》中说:"妻子儿女感情和睦,像弹琴瑟一样和谐。兄弟感情投合,其乐融融。使你家庭和顺皆得其宜,使你的妻子快乐。"孔子赞叹说:"这样,他的父母一定也很顺心乐意了啊!"

右第十五章

今译

(朱子说)右边一段是第十五章。

子曰:"鬼神之为德[1],其盛矣乎!视之而弗见,听之而弗闻,体物而不可遗[2]。使天下之人,齐明盛服[3],以承祭祀,洋洋[4]乎如在其上,如在其左右。《诗》[5]曰:'神之格[6]思[7],不可度[8]思,矧[9]可射[10]思。'夫[11]微之显,诚[12]之不可掩[13]如此夫[14]!"

今注

1 为德:朱注:"犹言性情功效。"
2 体物而不可遗:朱注:"鬼神无形与声,然物之终始，莫非阴阳合散之所为，是其为物之体，而物所不能遗也。"

3　齐明盛服：齐，古本一作"斋"。斋戒也。明，犹洁也。盛服，谓正其衣冠也。

4　洋洋：充满也。朱注："洋洋，流动充满之意。"

5　《诗》曰："神之格思，不可度思，矧可射思。……"这几句诗，见《诗经·大雅·抑》。

6　格：来也。

7　思：语气词，下同。

8　度：音铎，量也。

9　矧：况也。（《集韵》：矧，矢忍切。音哂。）

10　射：音夜，厌倦也。

11　夫：音扶，发端之辞。

12　诚：朱注："诚者，真实无妄之谓。"

13　掩：音掩，覆蔽也。

14　夫：音扶，语已词，犹乎也。

今译

孔子说："鬼神的性情功效，可算是到了极点了！看他不见，听他无声，但他是无所不在，像是具有形体的事物不能遗忘的一样。让天下的人，斋戒沐浴穿着整齐的衣服，承奉祭祀，到处充满流动着鬼神的灵气，好像就在头顶上，又好像就在身边左右。《诗经·大雅·抑》中说：'神的来临，是不可测度的，怎么可以怠慢不敬呢。'鬼神的事本来是隐微的，却又如此显著，所以真实无妄的心，不能掩藏就是这样的啊！"

右第十六章

今译
（朱子说）右边一段是第十六章。

子曰："舜其大孝也与[1]！德为圣人，尊为天子，富有四海之内，宗庙[2]飨[3]之，子孙保之。故大德，必得其位，必得其禄，必得其名，必得其寿。故天之生物，必因其材[4]而笃[5]焉，故栽[6]者培[7]之，倾者覆[8]之。《诗》[9]曰：'嘉乐[10]君子，宪宪[11]令德[12]。宜民宜人，受禄于天。保佑命之，自天申[13]之。'故大德者必受命[14]。"

今注

1　与：平声，同欤。

2　宗庙：祀先人之宫室也。

3　飨：祭也。

4　材：质也。

5　笃：厚也。

6　栽：种植也。

7　培：培养也。

8　覆：推倒也。

9　《诗》曰："嘉乐君子，……"这六句诗，见《诗经·大雅·假乐》。

10　嘉乐：嘉，美也。乐，音洛。

11　宪宪：《诗经》作"显显"。朱注："宪当依《诗》作显。"显显，光明也。

12　令德：美德也。

13　申：重也。

14　受命：朱注："受命者，受天命为天子也。"

今译

孔子说："舜可算得是大孝的人吧！论他的德性已为圣

人，论他的尊贵已为天子，论他的财富已有四海之大，世世受宗庙的祭飨，子子孙孙永久保持着祭祀不绝。所以有大德的人，一定得到尊位，一定得到厚禄，一定得到美名，一定得到高寿。所以上天生育万物，一定要因其材质而予以厚施，所以可栽种的就培植它，要倾倒的就只好让它倒下。《诗经·大雅·假乐》中说："'善良而愉乐的君子，有光明的美德。适合于民，有益于民，所以能承受上天赐予的福禄。上天保佑他，并给他重大的使命。'所以有大德的人，必然能受天命而做天子。"

右第十七章

今译

（朱子说）右边一段是第十七章。

子曰："无忧者，其惟文王[1]乎！以王季[2]为父，以武王[3]为子；父作之[4]，子述之[5]。武王缵[6]大王[7]、王季、文王之绪[8]，壹戎衣[9]而有天下，身不失天下之显名，尊为天子，富有四海之内，宗庙飨之，子孙保之。

武王末受命[10]，周公[11]成文武之德，追王[12]大王、王季，上祀先公[13]以天子之礼。斯礼也，达乎诸侯、大夫及士庶人。父为大夫、子为士，葬以大夫、祭以士；父为士、子为大夫，葬以士、祭以大夫。期之丧[14]，达乎大夫；三年之丧[15]，达乎天子；父母之丧，无贵贱一也。"

今注

1　文王：即周文王，姓姬，名昌，为周武王父。殷纣时为西伯，国于岐山之下，积善施仁，政化大行。崇侯虎谮之于纣，被囚羑里；其臣散宜生等献纣以美女玉帛，得释归；益行善政，诸侯多归之，三分天下有其二，武王既有天下，追尊为文王。一说"文"是其生时之尊号。

2　王季：周太王季子，文王父，名季历。太王卒，季历嗣立，修太王之业，传位于文王。及武王而有天下，追尊为王季。

3　武王：即周武王，文王子，名发。殷末，嗣为西伯。殷纣无道，武王率诸侯东征，败纣于牧野，纣自焚死。武王乃代有天下，即帝位，都镐。在位十九年崩，谥曰武。一说"武"是其生时之尊号。

4　父作之：指王季作积功累仁之业。

5　子述之：指武王能继其志、述其业。

6　缵：继也。

7　大王：大，音太。即王季父古公亶父。

8　绪：事业也。

9　壹戎衣：朱注："戎衣，甲胄之属。"系依"伪孔传"之说，解作"一着戎衣以灭纣"。郑玄注："衣"读如"殷"，系声之误。"衣"是误字。又据《尚书·康诰》有"殪戎殷"之说，"壹"同"殪"，作"灭"解，"戎"作"大"解，故"壹戎衣"同于"殪戎殷"，应解作"灭大殷"。

10　末受命：末犹老也，是说武王年老时候才受天之命而有天下。

11　周公：姓姬名旦，周武王之弟，成王之叔。武王崩，成王幼，周公摄政，而管、蔡、霍三叔忌之，作流言以撼公，公避居东山，作《鸱鸮》之诗以贻王，王悟其非，因迎公归。三叔惧，挟殷裔武庚叛，王命公东征，杀武庚，诛贬三叔，灭国五十，奠定东南。归而改定官制，创制礼法，周之文物，因以大备。

12　追王：王，去声，动词。朱注："追王，盖推文武之意，以及乎王迹之所起也。"就是追加太王、王季的王号。

13　先公：是太王以上的祖宗。

14　期之丧：期，音基，指期年，即一周年。期之丧，谓旁系亲属的期年之丧。

15　三年之丧：按三年之丧，除父母之丧外，诸侯为天子，大夫、士为国君，嫡孙承重为祖父母，继立者为先君，父为嫡长子，天子为后，皆三年服。

今译

孔子说："没有忧愁的人算只有周文王了吧！有王季做他的父亲，有武王做他的儿子；父亲做好的基业儿子又能继志述德。周武王继承大王、王季、文王的基业，灭了大殷而得了天下。自身没有失掉天下显扬的声名，尊贵为天子，财富则拥四海之大，世世受宗庙的祭飨，子子孙孙永久保持着祭祀不绝。

"周武王在晚年才受天命做了天子，到周公才完成文王武王的德业，追加太王、王季的帝王谥号，并以天子的礼节追祀以前的祖宗。这种礼节，从天子到诸侯大夫一直适用到士人百姓。如果父亲做大夫、儿子是士人，那么，葬时就用大夫的礼节，祭时用士人的礼节；父亲是士人，儿子为大夫，那么，葬时就用士人的礼节，祭时用大夫的礼节。旁系亲属的一年之丧，只到大夫为止；直系亲属的三年之丧，天子也须遵守；至于父母之丧，就无论尊贵和卑贱都是一样的。"

右第十八章

今译

（朱子说）右边一段是第十八章。

子曰："武王周公其达孝[1]矣乎！夫孝者，善继人之志，善述人之事者也。春秋，修其祖庙，陈[2]其宗器[3]，设其裳衣[4]，荐[5]其时食[6]。

"宗庙之礼，所以序[7]昭[8]穆也；序爵[9]，所以辨贵贱也；序事[10]，所以辨贤也；旅酬[11]下为[12]上，所以逮贱也；燕毛[13]，所以序齿[14]也。

"践[15]其位，行其礼，奏其乐；敬其所尊，爱其所亲；事死如事生，事亡如事存，孝之至也。

"郊社[16]之礼，所以事上帝也；宗庙之礼，所以祀乎其先也。明乎郊社之礼，禘[17]尝[18]之义，治国其如示诸掌[19]乎！"

今注

1 达孝：达，义为通。达孝，意谓天下之人通谓之孝。另谓"达孝"是"孝道无所不通"的意思。

2 陈：列也。

3 宗器：朱注："宗器，先世所藏之重器。若周之赤刀、大训、天球、河图之属也。"郑注："祭器。"以依郑注为宜。

4 裳衣：朱注："裳衣，先祖之遗衣服，祭则设之以授尸也。"

5 荐：献也，陈也。

6 时食：朱注："时食，四时之食，各有其物，如春行羔豚膳膏香之类是也。"

7 序：为之次序也。

8 昭穆：古宗庙之制，始祖庙居中，以下皆父为昭，子为穆，昭居左，穆居右。又庙祭之时，子孙亦分昭穆。《礼记·祭统》："夫祭有昭穆，昭穆者，所以别父子远近长幼亲疏之序而无乱。"是也。

9 爵：爵位。朱注："爵，公侯卿大夫也。"

10 事：指祭祀时的职事。

11 旅酬：朱注："旅，众也。酬，导饮也。旅酬之礼，宾弟子兄弟之子各举觯（饮酒器）于其长而众相酬。"

12　为：去声。

13　燕毛：朱注："燕毛，祭毕而燕，则以毛发之色别长幼为坐次也。"

14　齿：年龄。

15　践：用足践踏。

16　郊社：郊，祭天；社，祭地。

17　禘：音缔，天子宗庙之大祭。

18　尝：秋祭也。

19　示诸掌：言易见也。

今译

孔子说："周武王和周公算是天下通称能尽孝道的人吧！所谓孝，就是能继承先人的遗志，完成先人的事业。春秋祭祀的时候，修好祖宗的庙宇，列出祖宗所藏的重要器物，陈设祖宗穿过的衣服，供献应时的食品。

"宗庙祭祀的礼节，就是要排列父子远近、长幼、亲疏的次序；排列爵位的次序，就是要分别官位的尊卑；排列各职事的次序，就是要分别子孙才能的高下；子弟们皆得举酒以敬长辈，就是要使卑下者也有居于先导的光荣；饮宴的时候，以毛发的颜色以定座位的上下，就是要分别长幼的次序。

"站在排定的位置，行祭祀的礼节，奏着祭祀的音乐；敬奉那些所应该尊重的，爱护那些所应该亲近的；侍奉死者如同侍奉生者一样，侍奉逝去的如同侍奉现存的一样，这便是尽孝的极致。

"祭祀天地的礼节，就是为侍奉上帝的；祭祀祖庙的礼节，就是为祭祀自己祖先的。明白了祭天地的礼节，和天子宗庙大祭与秋祭的意义，那么，治理国家的事情，真像把东西放在手掌上一样的容易啊！"

右第十九章

今译

（朱子说）右边一段是第十九章。

哀公[1]问政。子曰："文武[2]之政，布[3]在方策[4]。其人存，则其政举；其人亡，则其政息[5]。人道敏[6]政，地道敏树。夫[7]政也者，蒲卢[8]也。

"故为政在人[9]，取人以身[10]，修身以道[11]，修道以仁[12]。

仁者，人也，亲亲[13]为大。义者，宜也，尊贤[14]为大。亲亲之杀[15]，尊贤之等[16]，礼所生也。

"故君子不可以不修身；思修身，不可以不事亲；思事亲，不可以不知人；思知人，不可以不知天。"

天下之达道[17]五，所以行之者三。曰君臣也，父子也，夫妇也，昆弟也，朋友之交也，五者，天下之达道也。知、仁、勇，三者，天下之达德[18]也。所以行之者一[19]也。

或生而知之，或学而知之，或困而知之[20]，及其知之一也。或安而行之[21]，或利而行之[22]，或勉强而行之，及其成功一也。"

子曰[23]："好[24]学近乎知[25]，力行近乎仁，知耻近乎勇[26]。知斯三者[27]，则知所以修身；知所以修身，则知所以治人；知所以治人，则知所以治天下国家矣。"

凡为天下国家有九经[28]，曰：修身也，尊贤也，亲亲也，敬大臣也，体[29]群臣也，子庶民[30]也，来百工[31]也，柔远人[32]也，怀[33]诸侯[34]也。

修身，则道立；尊贤，则不惑[35]；亲亲，则诸父[36]昆弟不怨；敬大臣，则不眩[37]；体群臣，则士之报礼重[38]；子庶民，则百姓劝[39]；来百工，则财用足；柔远人，则四方归之；怀诸侯，则天下畏之。

齐明盛服[40]，非礼不动，所以修身也；去谗[41]远[42]色，贱货而贵德[43]，所以劝贤也；尊其位，重其禄，同其好恶[44]，所以劝亲亲也；官盛任使[45]，所以劝大臣也；忠信重禄[46]，所以劝士也；时使薄敛[47]，所以劝百姓也；日省月试[48]，既禀称事[49]，所以劝百工也；送往迎来[50]，嘉善而矜不能[51]，所以柔远人也；继绝世[52]，举废国[53]，治乱持危[54]，朝聘以时[55]，厚往而薄来[56]，所以怀诸侯也。凡为天下国家有九经，所以行之者一[57]也。凡事豫[58]则立，不豫则废。言前定，则不跲[59]；事前定，则不困；行前定，则不疚[60]；道前定，则不穷[61]。

在下位，不获乎上，民不可得而治矣；获乎上有道，不信乎朋友，不获乎上矣；信乎朋友有道，不顺乎亲，不信乎朋友矣；顺乎亲有道，反诸身不诚，不顺乎亲矣。诚身有道，不明乎善，不诚乎身矣。

诚[62]者，天之道也，诚之[63]者，人之道也。诚者，不勉而中[64]，不思而得，从容中道[65]，圣人也。诚之者，择善而固执之者也。

博学[66]之，审问[67]之，慎思[68]之，明辨[69]之，笃行[70]之。有弗学[71]，学之弗能弗措[72]也；有弗问，问之弗知弗措也；有弗思，思之弗得弗措也；有弗辨，辨之弗明弗措也；有弗行，行之弗笃弗措也。人一能之，己百之；人十能之，己千之。果能此道矣，虽愚必明，虽柔必强。

今注

1　哀公：春秋时鲁国国君。

2　文武：周文王与周武王。

3　布：同佈。

4　方策：方，木版。策，竹简。方策，谓简牍也。

5　息：犹灭也。

6　敏：速也。犹勉也。

7　夫：音扶。

8　蒲卢：苇也。朱注："蒲卢，沈括以为蒲苇是也。以人立政，犹以地种树，其成速矣。而蒲苇又易生之物，其成犹速也，言人存政举，其易如此。"

9　为政在人：即为政之道在于得人之意。人，指贤臣。

10　取人以身：即取人之道，在于其人之修身与否。身，指已修之身。

11　道：朱注："道者，天下之达道。"就是天下人共由的道路。

12　仁：朱注："仁者，天地生物之心。"就是万物得于天的自然的本性。

13　亲亲：上一个"亲"字是动词，下一个"亲"字是名词。亲亲，就是亲近爱护自己的亲人。

14　尊贤：意谓尊敬贤者。

15　亲亲之杀：杀，去声，所坏切。差也，减也。亲亲之杀，就是对于最亲的人、次亲的人以及远亲的人应有差别。

16　尊贤之等：是说贤者有大小等级之分，尊敬贤者也应有等第。

17　达道：朱注："达道，天下古今所共由之路也。"就是人人所应该履行的大道。

18　达德：朱注："谓之达德者，天下古今所同得之理也。"就是人人所应有的德性。

19　一：朱注："一，则诚而已矣。"

20　困而知之：是说困勉苦学而后才知道。

21　安而行之：是说心安理得地去做。

22　利而行之：是说为了有利才去做。

23　子曰：朱注："'子曰'二字，衍文。"

24　好：去声，音号。

25 知：同智。

26 好学近乎知，力行近乎仁，知耻近乎勇：朱注："好学非知，然足以破愚；力行非仁，然足以忘私；知耻非勇，然足以起懦。"

27 斯三者：指上述好学，力行，知耻。

28 经：常也。

29 体：体恤之意。朱注："体，谓设以身处其地，而察其心也。"

30 子庶民：就是爱民如子的意思。子，动词。

31 来百工：百工，谓众工匠，来百工，就是招徕各种工匠的意思。

32 柔远人：朱注："柔远人，所谓'无忘宾旅'者也。"按：柔，安也，和也。远人，乃远方之人。柔远人，就是怀柔远方的人，使其向心来归。

33 怀：抚也，安也。

34 诸侯：是封建时代列国的君主。

35 不惑：谓不疑于理。

36 诸父：指父辈。

37 不眩：谓不迷于事。

38 报礼重：谓感恩图报而尊重君上。

39　百姓劝：劝，勉也。劝勉他人或受教而知所劝勉，皆可曰劝。百姓劝，意谓百姓感动自知劝勉以事上也。

40　齐明盛服：见前第十六章注解三。

41　谗：就是诬害好人的话。

42　远：去声。

43　贱货而贵德：谓轻视财物而重视道德。

44　好恶：皆去声。

45　官盛任使：朱注："官盛任使，谓官属众盛，足任使令也。盖大臣不当亲细事，故所以优之者如此。"就是说职属众多，便于差使。

46　忠信重禄：就是待之以至诚，养之以厚禄。

47　时使薄敛：就是适时役使百姓，轻征赋税。

48　日省月试：省是查察，试是考验。就是经常查考工作的意思。

49　既禀称事：既，通饩，禀，通廪。既禀，谓月给之官俸也。称，去声。既禀称事，就是要使其所得俸禄与其工作相称。

50　送往迎来：欢送去的，欢迎来的。

51　嘉善而矜不能：对有善行的加以奖励，对才能薄弱的加以矜抚。

52　继绝世：延续已绝的世系。

53　举废国：振兴废灭的国家。

54　治乱持危：有乱事的要为之治平,有危难的要加以扶持。

55　朝聘以时：朱注:"朝,谓诸侯见于天子。聘,谓诸侯使大夫来献。王制比年一小聘,三年一大聘,五年一朝。"朝聘以时,就是诸侯朝聘要使其依一定的时期。

56　厚往而薄来：是说对诸侯的赏赐要厚,纳贡要薄。

57　一：朱注:"一者诚也,一有不诚,则是九者,皆为虚文矣。"

58　豫：先事曰豫。朱注:"豫,素定也。"

59　跲：音劫,踬也。

60　疚：音救,病也。愧悔也。

61　穷：止也,穷困也。

62　诚：朱注:"诚者,其实无妄之谓,天理之本然也。"

63　诚之：朱注:"诚之者,未能真实无妄,而欲其真实无妄之谓,人事之当然也。"

64　不勉而中：不须勉强而合之意。中,去声。音众,下同。

65　从容中道：从，音聪。从容，举动也。从容中道，就是一举一动皆合于道之意。但此"中"字，有人认为应如本字读平声，即是发而无过不及之"中"。亦可解。

66　博学：广博地学习。

67　审问：详细地求教。

68　慎思：慎重地思考。

69　明辨：明白地辨别。

70　笃行：切实地力行。

71　有弗学：犹言不学则已。

72　措：废置也。

今译

鲁哀公问为政的道理。孔子说："周文王和武王的施政，都载在简牍上面。施政全在乎施政的人。当他们在的时候，他们的政教就能施行；他们死了，他们的政教也就废灭了。以人施政之道使政教推行快速，以地种树之道使树木生长快速。以人施政易见成效，就如同地上蒲苇的快速滋长一样。

"所以为政之道在于得到人才，而得人的方法在于修养自身，要修身必须讲究天下人共守的法则，要修道必须依据万物得于天的自然本性。所谓仁，就是人性，以亲爱自己的亲人最为重大。所谓义，就是事事得其所宜，以尊敬贤德的人最为重大。亲爱亲人而有差别，尊敬贤者而有等级，就是礼节所由产生的。

"所以要治国的君子不可不讲究修身；要想修身，不可不侍奉双亲；要想侍奉双亲，不可不知道尊贤爱人；要知道尊贤爱人，不可不知道天理。"

天下共由的道路有五种，而用以实行的功夫则有三种。君臣、父子、夫妇、兄弟、朋友之交，这五种就是天下人共由的道路。智慧、仁爱、勇敢，这三种就是天下人应有的德性。用来实行的那就是一个"诚"字。

这些道理，有些人天生的不待学习就知道了，有些人是经过学习而知道的，有些人则是经过困勉苦学而后才知道的，等到知道的时候却都是一样。有些人心安理得地就去实行，有些人为了有利才去实行，有些人则需要勉强才能实行，但一等到成功的时候却都是一样。

孔子说："喜爱研究学问就接近智了，能够努力行善就接近仁了，知道什么是羞耻就接近勇了。

知道了这三样（好学、力行、知耻），就可以知道怎样去修身了；知道了怎样去修身，就可以知道怎样去治理别人了；知道了怎样去治理别人，就可以知道怎样去治理天下国家了。"

凡是治理天下国家的有九种经常不变的纲领，那就是：修正己身，尊重贤人，亲近爱护亲人，恭敬大臣，体恤众臣，爱民如子，招徕各种技工，善待远方的人，安抚列国的诸侯。

能修好己身，大道就可以树立了；能尊重贤人，对于事理就不致疑惑了；能亲爱亲人，伯叔兄弟们就不会有怨恨了；能敬重大臣，临事就不会迷乱了；能体恤臣下，才智之士就会竭力以图报效了；能爱民如子，百姓们就会自相劝勉来效忠了；能招徕各种工人，国家的财用就充足了；能善待远方的人，四方的人都来归附了；能安抚列国的诸侯，天下人都自然畏服了。

斋戒明洁，正其衣冠，不合礼节的事不做，这就是修正己身的方法；不听诬陷好人的坏话，远离女色，轻视财物而重视道德，这就是劝勉贤人的方法；升高他的爵位，加厚他的俸禄，同情他的爱好和厌恶，这就是劝勉亲近亲人的方法；职属众多而便于差使，这就是劝勉大臣的方法；待之以至诚，养之以厚禄，这就是劝勉士众的方法；役使适时，轻征赋税，这就是劝勉百姓的方法；经常查考工作，给予的报酬与其工作相称,这就是劝勉工匠的方法;欢送去的,欢迎来的,对有善行的予以奖励,对于才能薄弱的加以矜恤,这就是怀柔远方人的方法;延续已绝的世系,振兴废灭的国家,有乱事的为之治平,有危难的加以扶持,诸侯的朝聘之礼使其有一定的时期,赏赐厚而纳贡薄,这就是安抚诸侯的方法。治理天下国家的经常不变的纲领有九项,可是用以实行的方法只是一个"诚"字。任何事情,事前有准备就可成功,没有准备就要失败。说话先有准备,就不会说出的理由站不住;做事先有准备,就不会遭到困难;行为先有定夺,就不会出毛病;做人的道理先有定则,就不会行不通了。

在下位的时候,若是得不到上级的信任,人民就无法治理了;要得到上级的信任是有方法的,若是不为朋友所信任,那就得不到上级的信任了;要取得朋友的信任是有方法的,若是不能孝顺父母,那就不能为朋友所信任了;孝顺父母是有方法的,若是反省自身没有诚意,那就不能够孝顺父母了。本身有诚意也是有方法的,若是不明白至善之所在,那自身也就不能有诚意了。

诚,是天生的真理,实践此"诚"字,是人为的真理。所谓诚,是不须勉强而合,不须思维而得,一举一动都合于道理，这只有圣人才能做得到。所谓实践之诚，那就要选择至善之道而坚守不渝才可以做到。

要广博地学习，详细地求教，慎重地思考，明白地辨别，切实地力行。不去学习则已，既去学习就不到学识渊博不止；不去求教则已，既去求教就不到彻底明白不止；不去思考则已，既去思考就不到想出道理不止，不去辨别则已，既去辨别就不到辨别清楚不止；不去实行则已，既去实行就不到切实做到不止。别人学一次就会了，我就学他一百次；别人学十回就会了，我就学他一千回。一个人如果真能照这样去做，即使是个笨拙的人也会聪明起来了，即使是个柔弱的人，也会坚强起来了。

右第二十章

今译

（朱子说）右边一段是第二十章。

自诚明，谓之性[1]；自明诚，谓之教[2]。诚则明矣，明则诚矣。

今注

1 自诚明,谓之性:朱注:"自,本也。德无不实,而明无不照者,所性而有者也,天道也。"这两句话的意思是由心诚而自然明照一切,就叫作性,乃指先天的理性而言。

2 自明诚,谓之教:朱注:"先明乎善,而后能实其善者,贤人之学,由教而入者也,人道也。"这两句话的意思是由明善而笃践身诚,是出于人为的教化。乃指后天的事修而言。

今译

由本诚而自然明善,是属于天赋的本性;由明善而归于真诚,乃属于人为的教化。有了诚就能明白道理,能够明白道理也就做到诚了。

右第二十一章,子思承上章夫子天道人道之意而立言也。自此以下十二章,皆子思之言,以反复推明此章之意。

今译

(朱子说)右边一段是第二十一章,是子思承接上章孔子所说天道人道的意旨而立说的。从这以后的十二章，都是子思的话，用来反复推论阐明这一章的意旨。

唯天下至诚[1]，为能尽其性[2]；能尽其性，则能尽人之性；能尽人之性，则能尽物之性；能尽物之性，则可以赞[3]天地之化育；可以赞天地之化育，则可以与天地参[4]矣。

今注

1　天下至诚：朱注："天下至诚，谓圣人至德之实，天下莫能加也。"

2　尽其性：朱注："尽其性者，德无不实，故无人欲之私而天命之在我者，察之由之，巨细精粗，无毫发之不尽也。人物之性，亦我之性，但以所赋形气不同而有异耳。能尽之者，谓知之无不明而处之无不当也。"

3　赞：犹助也。

4　与天地参：朱注："谓与天地并立为三也。"

今译

唯有天下至诚的圣人，能够完全实行到他天赋的本性的极致；能尽他自己的本性，就能尽知他人的本性；能尽知他人的本性，就能尽知万物的本性；能尽知万物的本性，就可以帮助天地化育万物；能帮助天地化育万物，就可以与天地并立为三了。

右第二十二章

今译

（朱子说）右边的一段是第二十二章。

其次[1]致曲[2]，曲能有诚，诚则形，形则著，著则明，明则动，动则变，变则化[3]，唯天下至诚为能化。

今注

1　其次：指次于圣人一等的贤人。
2　致曲：致，推致也。曲，一偏也。
3　形、著、明、动、变、化等句：朱注："形者，积中而发外；著，则又加显矣；明，则又有光辉发越之盛也；动者，诚能动物；变者，物从而变；化，则有不知其所以然者。盖人之性无不同，而气则有异，故唯圣人能举其性之全体而尽之。其次则必自其善端发见之偏，而悉推致之，以各造其极也。曲无不致，则德无不实，而形着动变之功，自不能已，积而至于能化，则其至诚之妙，亦不异于圣人矣。"

今译

那次于圣人一等的贤人，不能如圣人完全尽其本性，而致力去推转偏于一面的物理，如此亦能推转到诚的地步，诚于中就可以立刻表现于外，形于外就可以叠加显著，既能显著就会更加光辉发越，光辉发越就可以感动人心，感动人心就能转移习俗，转移习俗就能化育万物，只有天下最诚的人能做到化育万物的地步。

右第二十三章

今译

（朱子说）右边一段是第二十三章。

至诚之道，可以前知。国家将兴，必有祯祥[1]；国家将亡，必有妖孽[2]。见[3]乎蓍龟[4]，动乎四体[5]。祸福将至，善，必先知之；不善，必先知之。故至诚如神。

今注

1 祯祥：谓吉祥之萌兆。祯，音贞。
2 妖孽：谓凶祸之萌兆。
3 见：同现。
4 蓍龟：蓍，音师。蓍草、龟甲皆古时卜筮所用。
5 四体：即四肢。

今译

诚到极点，可以预知未来的事情。国家将要兴盛的时候，定有吉祥的征兆；国家将要灭亡的时候，定有凶祸的征兆。发现在卜筮的蓍草和龟甲上，表现在人的动作仪态之间。祸福将要来临时，是福，定先知道；是祸，也可预先知道。所以至诚的人如同神明一样。

右第二十四章

今译

（朱子说）右边一段是第二十四章。

诚者，自成[1]也；而道，自道[2]也。诚者，物之终始，不诚无物。是故君子诚之为贵。诚者，非自成己而已也，所以成物也。成己，仁也；成物，知[3]也。性之德也，合外内之道也，故时措[4]之宜也。

今注

1　自成：完成自己的人格。

2　自道：道，同导。自道，是导引自己去行其所当行的道路。

3　知：同智。

4　措：音醋，施行也。(《集韵》：措，仓故切。)

今译

诚，是完成自己人格的要件；道，则是引导自己走向当行的道路。诚，是自然的道理，万事万物的终始本末都离不了它，没有这个"诚"字，就没有万事万物了。所以君子把"诚"看得特别宝贵。诚，并不是仅仅完成自己就算完了，而是要拿它来成就万事万物。所以先要成就自己的人格，所以化人，故名曰"仁"；而成就万事万物，才正是本身才德的发挥，故名曰"智"。性是体，德是用，由性体而发生德用，合于成己成物的道理，所以随时施行都是适宜的。

右第二十五章

今译

（朱子说）右边一段是第二十五章。

故至诚无息[1]，不息则久[2]，久则征[3]，征则悠远，悠远则博厚，博厚则高明。博厚，所以载物[4]也；高明，所以覆物[5]也；悠久，所以成物[6]也。博厚配地，高明配天[7]，悠久无疆。如此者，不见[8]而章[9]，不动而变，无为而成。

天地之道，可一言而尽也：其为物不贰[10]，则其生物不测。天地之道：博也，厚也，高也，明也，悠也，久也。今夫[11]天，斯昭昭[12]之多，及其无穷也，日月星辰系焉，万物覆焉。今夫地，一撮土之多，及其广厚，载华岳[13]而不重，振[14]河海而不泄[15]，万物载焉。今夫山，一卷[16]石之多，及其广大，草木生之，禽兽居之，宝藏[17]兴焉。今夫水，一勺[18]之多，及其不测，鼋[19]鼍[20]蛟[21]龙鱼鳖生焉，货财殖[22]焉。

《诗》[23]云："维[24]天之命，於[25]穆[26]不已！"盖[27]曰，

天之所以为天也。"於乎[28]不显[29]！文王之德之纯[30]。"盖曰，文王之所以为文[31]也，纯亦不已。

今注

1　至诚无息：是说圣人所有的至诚，没有丝毫虚假，自然永无间断。

2　久：朱注："久，常于中也。"

3　征：朱注："征，验于外也。"

4　博厚……载物：指地而言。

5　高明……覆物：指天而言。

6　悠久……成物：指天地运行不息以化育万物而言。

7　配天：配，匹也。配天，谓与天合德也。

8　见：同现，犹示也。

9　章：同彰。

10　不贰：无二心也。

11　夫：音扶，发语词。下同。

12　昭昭：犹耿耿，小明也。

13　华岳：华，去声，音化。华岳，谓华山与岳山。按：华山即太华山，岳山即岍山，都在今陕西省境。

14　振：犹收也。

15　泄：同洩，漏也。

16　卷：平声，音权，犹区也。古本原作"拳"。一卷石，就是石小如拳的意思。

17　宝藏：藏，音脏。藏物之所曰藏。宝藏，谓蕴藏之宝物。

18　勺：音杓，酌水器具。

19　鼋：音元，大鳖也。

20　鼍：音鮀，动物名，一名鼍龙，属脊椎动物爬虫类。

21　蛟：龙之属也。

22　殖：积生货利曰殖。音植。

23　《诗》云："维天之命，於穆不已。"这两句诗和后面的"於乎不显！文王之德之纯"，见《诗经·周颂·维天之命》。

24　维：发语词。

25　於：音乌，叹词。

26　穆：深远也。

27　盖：疑词。

28　於乎：同呜呼，叹美词。

29　不显：朱注："不显，犹言岂不显也。"

30　纯：纯一不杂也。
31　文：谥号。

今译

所以至诚之道是永远没有间断的，没有间断，自然可以持久；诚于中者既久，自然能征验于外；征验彰著，自然悠远而无穷；悠远无穷，积之为广博而深厚；广博深厚，发而为高大而光明。博厚是用以承载万物的；高明是用以覆盖万物的；悠久是用以化成万物的。博厚可以匹配地，高明可以匹配天，悠久和天地一样无穷无尽了。这样的作用，不待自我显示而自然彰明，不须动作而自然感人化俗，不必有所施为而自然有所成就。

天地的道理，可以用一句话说完：造物者诚一不贰，化生万物有不可测知的奥妙。天地的道理是：广博、深厚、高大、光明、悠远、长久。现在比方说天，不过是一点点光亮所积累，可是说到那无穷的天体，满悬着日月星辰，覆盖着地上的万物。说地吧，不过是一把泥土所积累，等到形成博厚的大地，却载着华岳那样高的山而不觉其重，收着河海那么多的水而不会泄漏，万物都载在上面。再说山吧，不过是拳形大的石块所积累，等到形成广大的时候，草木生长在上面，禽兽也栖止在上面，蕴藏的宝物也在那发掘出来。再说水吧，不过是一勺一勺的水所累积，可是等到它大不可测，鼋鼍蛟龙鱼鳖等都生长在里面，货物财富也在那里生产出来。

《诗经·周颂·维天之命》中说："上天的道理，是行健不息的啊！"这就是天之所以成为天的道理吧。又说："这不是很明显吗？文王的德性是这样纯一而不息。"这就是文王所以尊谥为"文"的道理吧。纯一，也就是行健不息的意义。

右第二十六章

今译

（朱子说）右边是第二十六章。

大哉圣人之道！洋洋乎，发育万物，峻[1]极于天。优优[2]大哉！礼仪三百[3]，威仪三千[4]，待其人而后行。故曰：苟不至德，至道不凝[5]焉。故君子尊德性[6]而道问学[7]，致广大而尽精微，极高明而道中庸[8]，温故而知新，敦厚以崇礼。是故居上不骄，为下不倍[9]。国有道，其言足以兴[10]；

国无道,其默足以容[11]。《诗》[12]曰:"既明且哲[13],以保其身。"其此之谓与[14]!

今注

1 峻:高大也。

2 优优:宽裕貌。

3 礼仪三百:依考证:"礼仪"系"礼经"之误。因"仪"与下"威仪"意义相同,不当复出;且"礼经三百"一词,古籍中常见。三百,言其条目之多,并非实数。

4 威仪三千:威仪,仪容行止也。按:礼,是纲领原则;仪则是表现于仪容行止之法度程序。三千,亦系言其条目之多,并非实数。

5 凝:聚也,成也。

6 尊德性:尊,恭敬奉持之意。朱注:"德性者,吾所受于天之正理。"又注:"尊德性,所以存心而极乎道体之大也。"

7 道问学:道,由也。问学,即学问。朱注:"道问学,所以致知而尽乎道体之微也。"

8 致广大而尽精微,极高明而道中庸:这是说修德与问学,臻于广大精微的高明之境,仍然经由中庸之道,不至太过与不及。

9 倍：同背。

10 国有道，其言足以兴：是说国家有道的时候，君子的话可以振兴国家。

11 国无道，其默足以容：是说国家无道的时候，君子保持沉默也足免于灾祸。

12 《诗》曰："既明且哲，以保其身。"这两句诗，见《诗经·大雅·烝民》。

13 哲：智也。

14 与：同欤。

今译

圣人的道理，真是伟大啊！充满了天地之间而化育万物，他的崇高真可比得上天。充裕而又伟大啊！他制定了大的礼则有三百种之多，小的仪节有三千种之多，等待那有才有德的人出来而后实行。所以说：不是有最伟大德性的人，最伟大的道理是不能成就的。因此，君子恭敬奉持着所受于天的性理，同时讲求学问而致知，使德性和学问臻于广大精微的高明境界，不偏不倚地遵由中庸的大道。致知方面，温习旧学而增进新知；修德方面，充厚自身的纯一心志，以崇尚礼仪。所以，在上位而不骄傲，处于卑贱也不悖上作乱。当国家有道的时候，他的言论可以振兴国家；当国家无道的时候，他的沉默足以见容于乱世。《诗经·大雅·烝民》中说："既明达而又有智慧，以保全其身。"就是这个意思吧！

右第二十七章

今译

（朱子说）右边一段是第二十七章。

子曰："愚而好[1]自用[2]；贱而好自专[3]；生乎今之世，反[4]古之道。如此者，灾[5]及其身者也。"

非天子，不议礼[6]，不制度[7]，不考文[8]。今[9]天下，车同轨[10]，书同文，行同[11]伦[12]。虽有其位，苟无其德，不敢作礼乐焉；虽有其德，苟无其位，亦不敢作礼乐焉。子曰："吾说夏礼，杞[13]不足征[14]也；吾学殷礼，有宋[15]存焉；吾学周礼，今用之，吾从周[16]。"

今注

1 好：去声，音号。下"好"字同。

2 愚而好自用：是说无德的人偏要自以为是。

3 贱而好自专：是说无位的人偏要一意孤行。

4 反：复也。

5 烖：古"灾"字。

6 不议礼：朱注："礼，亲疏贵贱相接之体也。"不议礼，就是不可以讨论礼法。

7 不制度：朱注："度，品制。"不制度，就是不可以制定法度。

8 不考文：朱注："文，书名。"不考文，就是不可以校订文字。

9 今：朱注："今，子思自谓当时也。"

10 轨：朱注："轨，辙之度。"

11 行：去声，音幸。

12 伦：朱注："伦，次序之体。"

13 杞：国名，夏之后，杞，音起。

14 征：证也。

15 宋：国名，殷之后。

16 吾学周礼，今用之，吾从周：朱注："但夏礼既不可考证，殷礼虽存，又非当世之法，惟周礼乃时王之制，今日取用，孔子既不得位，则从周而已。"

今译

孔子说："笨拙的人偏要自以为是；卑贱的人偏要凭一己的意思做去；生在现今的时代，偏要恢复古代的做法。像这样的人，一定会害及其本身的。"

不是天子，不可以议论礼法的是非，不可以制作法度，不可以校订文字。现在，天下一统，车子的辙迹相同，写的文字相同，行为的法度相同。即使在天子之位，如果没有圣人的德性，是不敢制礼作乐的；即使有圣人的德性，如果不在天子之位，也是不敢制礼作乐的。孔子说："我喜欢夏代的礼法，可是夏代之后的杞国所行的不足以证明就是正确的夏礼；我学殷代的礼法，可是殷代之后的宋国虽在，但宋国所行的，已证明不合当时之用；我学周代的礼法，正是现在所用的，纵有可议之处，但我不在其位，我只有依从现行的周礼了。"

右第二十八章

今译

(朱子说)右边一段是第二十八章。

王[1]天下有三重[2]焉,其寡[3]过矣乎!上焉者,虽善无征[4];无征,不信;不信,民弗从。下焉者,虽善不尊[5];不尊,不信;不信,民弗从。故君子之道[6],本诸身[7],征诸庶民[8],考诸三王而不缪[9],建[10]诸天地[11]而不悖[12],质[13]诸鬼神[14]而无疑,百世以俟圣人而不惑[15]。质诸鬼神而无疑,知天也;百世以俟圣人而不惑,知人也。

是故君子动[16]而世为天下道[17],行而世为天下法[18],言而世为天下则[19]。远之则有望,近之则不厌。

《诗》[20]曰:"在彼无恶[21],在此无射[22],庶几[23]夙夜[24],以永终誉。"君子未有不如此,而蚤[25]有誉于天下者也。

今注

1 王:去声,动词。君临也。

2 三重:犹言三项重要的事。朱注引吕氏:"三重,谓议礼、制度、考文。"

3　寡：少也。

4　上焉者，虽善无征：朱注："上焉者，谓时王以前，如夏商之礼虽善，而皆不可考。"无征，无可考证之意。

5　下焉者，虽善不尊：朱注："下焉者，谓圣人在下，如孔子虽善于礼，而不在尊位也。"

6　君子之道：朱注："此君子，指王天下者而言，其道，即议礼、制度、考文之事也。"

7　本诸身：朱注："本诸身，有其德也。"

8　征诸庶民：朱注："征诸庶民，验其所信从也。"

9　缪：同谬，误也。

10　建：立也。

11　天地：朱注："天地者，道也。"

12　悖：乱也，逆也。

13　质：问也，亦作"正"解。

14　鬼神：朱注："鬼神者，造化之迹也。"

15　百世以俟圣人而不惑：朱注："百世以俟圣人而不惑，所谓圣人复起，不易吾言者也。"

16　动：朱注："动，兼言行而言。"

17　道：朱注："道，兼法则而言。"

18　法：法度也。

19　则：准则也。

20　《诗》曰："在彼无恶……"这四句诗，见《诗经·周颂·振鹭》。

21　恶：去声，音误，厌恶也。

22　射：音妒，厌恶也。射，《诗》作"斁"，意亦同。

23　庶几：几，平声，音机。

24　夙夜：日夜。

25　蚤：同早。

今译

君临天下有三项重大的事，就是议论礼法，制作法度，考订文字，做好这三件事那就少有过错了！在上的，如夏商两朝礼法虽然很好，因为年代久远已无从考证；既已无从考证，就不能使人相信；既不能使人相信，百姓就不会遵从了。在下位的，虽然善于礼法，但不在尊位；不在尊位也不能使人相信；既不能使人相信，百姓也就不会遵从了。所以君临天下的人要做议礼、制度、考文三事，必须以自身的德性为根本，再考验人民的信任，查考夏、商、周三代的制度而没有错误，建立于天地之间而不悖逆天道，质问鬼神也没有疑误,等到百世以后圣人出来也不会有什么疑惑了。质问鬼神也没有疑心,是知道合乎天理了;等到百世以后圣人也不会疑惑,是知道顺乎人的情理了。

因此君临天下的王者,他的举动可以世世做天下人共行的常道,他的作为可以世世做天下人的法度,他说的话可以世世做天下人的准则。在远处企慕着他,在近处也不讨厌他。

《诗经·周颂·振鹭》中说:"在彼处无人厌恶,在此处也无人怨恨,庶几乎他一向能日夜不懈,永远保持他的美誉。"有德性的君子没有不照这样做,而能早在天下享有美好的名誉呢。

右第二十九章

今译

(朱子说)右边一段是第二十九章。

仲尼祖述尧舜[1],宪章文武[2],上律天时[3],下袭水土[4]。辟[5]如天地之无不持载,无不覆帱[6],辟如四时之错行[7],如日月之代明[8]。万物并育而不相害,道并行而不相

悖 [9]，小德川流，大德敦化 [10]，此天地之所以为大也。

今注

1　祖述尧舜：祖，用作动词。祖述尧舜，就是远宗尧舜之道。

2　宪章文武：宪，用作动词，取法之意。宪章，近守其法之意。宪章文武，就是近守文王武王之法。

3　上律天时：律，法也。上律天时，就是上法天时的自然运行。

4　下袭水土：袭，合也。下袭水土，就是下合水土的一定之理。

5　辟：同譬。下同。

6　帱：音导，覆也。

7　错行：错，迭也。错行，即更迭运行之意。错，音挫。

8　代明：代，更也。代明，即交替照明之意。

9　万物并育而不相害，道并行而不相悖：朱注："天覆地载，万物并育于其间而不相害，四时日月错行代明而不相悖。所以不害不悖者，小德之川流；所以并育并行者，大德之敦化。"

10　小德川流，大德敦化：朱注："小德者，全体之分；大德者，万殊之本。川流者，如川之流，脉络分明，而德不息也。敦化者，敦厚其化，根本盛大，而出于无穷也。"

今译

孔夫子远宗唐尧虞舜之道，近守文王武王之法，上顺天时的自然运行，下合水土的一定生成之理（按：律天时、袭水土二语，即法天象地之义，以下即列举化育生成之义）。比如天地的无所不载，无所不覆。比如四季的更迭运行，日月的交替照明。万物同时生长而彼此不相妨害，道理一起实行而彼此不相违背。小的德性，则协力分工，有如川流之不息；大的德行，则敦厚其化育，根本盛大，达于无穷无尽。这便是天地之所以为大的道理。

右第三十章

今译

（朱子说）右边一段是第三十章。

唯天下至圣[1]，为能聪明睿知[2]，足以有临[3]也；宽裕[4]温柔，足以有容也；发强刚毅，足以有执[5]也；齐庄[6]中正，足以有敬也；文理密察[7]，足以有别也。

溥博[8]渊泉[9]，而时出[10]之。溥博如天，渊泉如渊。见[11]而民莫不敬，言而民莫不信，行而民莫不说[12]。

是以声名洋溢[13]乎中国，施[14]及蛮貊[15]；舟车所至，人力所通，天之所覆，地之所载，日月所照，霜露所队[16]，凡有血气者，莫不尊亲。故曰配[17]天。

今注

1　至圣：指孔子。

2　睿知：睿，音锐，深明也，通也。知，同智。朱注："聪明睿知，生知之质。"

3　临：谓居上而临下也。

4　裕：饶也。

5　执：断也。

6　齐庄：敬肃庄重之意。

7　文理密察：朱注："文，文章也。理，条理也。密，详细也。察，明辨也。"

8　溥博：周遍而广阔也。

9　渊泉：静深而有本也。

10　出：发现也。

11　见：同现。

12　说：同悦。

13　洋溢：言充满而广播也。

14　施：去声，音意，移也，延也。

15　蛮貊：蛮，南方之种族。貊，音陌，东北夷也。

16　队：同坠，落也，陨也。

17　配：匹也。

今译

只有天下最伟大的圣人，能具有深明灵敏之质，足以居上而临下；宽大温和，足以容物；奋发刚毅，足以决断大事；庄重端正，足以使人尊敬；条理详明，足以辨别是非。

圣人的德性，广大幽深，时时会表现出来。广大如天，幽深如渊。表现于外的容仪，人民没有不尊敬的；所说的话，人民没有不信服的；所做的事，人民没有不喜悦的。

因此声名充满了全中国，远及于未开化的蛮貊民族；凡是舟车所能到的地方，人力所能通的地方，天所覆着的，地所载着的，日月所照着的，霜露所落着的一切隅域，凡是有血气的人，没有不尊敬他亲近他的。所以说圣人的德性可以和天相配。

右第三十一章

今译

（朱子说）右边一段是第三十一章。

唯天下至诚[1]，为能经纶[2]天下之大经[3]，立天下之大本[4]，知天地之化育，夫焉有所倚[5]？肫肫[6]其仁，渊渊[7]其渊，浩浩[8]其天。苟不固[9]聪明圣知[10]达天德者，其孰能知之？

今注

1　至诚：纯诚之至曰至诚。

2　经纶：以治丝之事，喻规划政治也。朱注："经纶，皆治丝之事。经者，理其绪而分之；纶者，比其类而合之也。"

3　大经：经，常也，凡常道常法皆曰"经"。朱注：

"大经者，五品之人伦。"就是指君臣、父子、兄弟、夫妇、朋友五种伦常。

  4 大本：朱注："大本者，所性之全体也。"

  5 夫焉有所倚：夫，音扶，发语词。焉有所倚，意思是这都是至诚的自然功用，岂有倚赖别的事物而后能吗？

  6 肫肫：音谆，恳诚貌。

  7 渊渊：深也。朱注："渊渊，静深貌。"

  8 浩浩：广大貌。

  9 固：犹实也。

  10 知：同智。

今译

  只有天下极具至诚的圣人，才能规划天下的常法，建立天下的根本大德，知道天地化育万物的道理，这乃是至诚的自然功用，岂是依赖别的事物才能达到吗？他的仁心是那样的恳诚，他的沉静深邃如同深渊，他的广大如同天体。倘若不是具有实在聪明圣者智慧而通晓天生德性的人，有谁能知道呢？

右第三十二章

今译

（朱子说）右边一段是第三十二章。

《诗》[1]曰："衣锦尚絅[2]。"恶[3]其文之著也。故君子之道，闇然[4]而日章；小人之道，的[5]然而日亡。君子之道，淡而不厌[6]，简而文[7]，温而理[8]，知远之近，知风之自，知微之显[9]，可与入德矣。

《诗》[10]云："潜虽伏矣，亦孔之昭[11]。"故君子内省不疚[12]，无恶于志[13]。君子之所不可及者，其唯人之所不见乎！

《诗》[14]云："相在尔室，尚不愧于屋漏[15]。"故君子不动而敬，不言而信。

《诗》[16]曰："奏假无言，时靡有争[17]。"是故君子不赏而民劝[18]，不怒而民威[19]于铁钺[20]。

《诗》[21]曰："不显[22]惟[23]德，百辟[24]其刑[25]之。"是故君子笃恭[26]而天下平。

《诗》[27]曰："予怀明德，不大声以色[28]。"子曰："声色之于以化民，末也。"《诗》[29]曰："德輶[30]如毛，"毛犹有伦[31]。"上天之载,无声无臭[32]。"至矣!

今注

1 《诗》曰:"衣锦尚䌹。"这句诗,《诗经·卫风·硕人》及《郑风·丰》均作"衣锦褧衣",与此所引不同。

2 衣锦尚䌹:衣,去声,音意,动词,着的意思。锦,是鲜明彩色的绸衣。尚,加也。䌹,音迥,同褧,单衣也。衣锦尚䌹,谓穿着彩色绸衣外加罩袍也。

3 恶:去声,音误,厌恶也。

4 闇然:隐晦也。闇,音暗。

5 的:明也,一说当作"旳"。旳,意亦为明。

6 淡而不厌:谓平淡而不致使人厌恶。

7 简而文:谓简易而有文采。

8 温而理:谓温和而有条理。

9 知远之近,知风之自,知微之显:朱注:"远之近,见于彼者,由于此也。风之自,著乎外者,本乎内也。微之显,有诸内者,形诸外也。"又俞樾《古书疑义》举例说:"此三句,自来不得其解。若谓远由于近,微由于显,则当云'知远之由于近,知微之由于显',文义方明。不得但云'远之近,微之显'也。且'风之自'句,义不一例。

'微之显'句，亦与第一句不伦。既云'远之近'，则当云'显之微'矣。今按此三'之'字，皆连及之词。'知远之近'者，知远与近也。'知微之显'者，知微与显也。'知远之近，知风之自，知微之显，可与入德矣。'犹《易·系辞传》云：'君子知微知彰，知柔知刚，万夫之望也。'然则'知风之自'句，当作何解？风读为凡，风字本从凡声，故得通用。《庄子·天地》：'愿先生之言其风也。'风即凡字；犹云：'言其大凡也'。自者，'目'字之误。《周官·宰夫职》：'二曰师，掌官成以治凡。三曰司，掌官法以治目。'郑注曰：'治凡，若月计也。治目，若今之日计也。'然则'凡之与目'，事有巨细，故以对言，正与远近微显一例。"按俞氏此说亦颇近理，可供参考。

10 《诗》云："潜虽伏矣，亦孔之昭。"这两句诗，见《诗经·小雅·正月》。

11 潜虽伏矣，亦孔之昭：潜，隐藏也。伏，不见也。孔，甚也。昭，明也。意谓鱼虽然潜藏于水中，还是被人看得非常清楚。

12 疚：音救，病也，愧悔也。

13 无恶于志：犹言无愧于心。恶，去声，音误。

14 《诗》云："相在尔室，尚不愧于屋漏。"这两句诗，见《诗经·大雅·抑》。

15　相在尔室，尚不愧于屋漏：相，去声，音向，视也。尔，汝也。屋漏，谓室内西北隅安藏神主人所不见之处。这两句的意思是说君子独居在室内深处，也要无愧于心。

16　《诗》曰："奏假无言，时靡有争。"这两句诗，见《诗经·商颂·烈祖》。

17　奏假无言，时靡有争：奏，进也。假，同格，至也。靡有，无有也。这两句的意思是说进而求神来享的时候，因受神的感化，肃然无言，一无所争。

18　劝：奋勉也。

19　威：畏也。

20　铁钺：铁，音夫，莝斫刀也。钺，音越，大斧也。铁钺，原为古时军中戮人所用。后凡刑戮之事，辄言铁钺。

21　《诗》曰："不显唯德，百辟其刑之。"这两句诗，见《诗经·周颂·烈文》。

22　不显：犹言岂不显也。

23　惟：语助词。

24　百辟：诸侯也。

25　刑：同型，法也。

26　笃恭：笃厚而恭谨之意。

27　《诗》曰："予怀明德，不大声以色。"这两句诗，见《诗经·大雅·皇矣》。

28　予怀明德，不大声以色：这两句是上帝对文王说的话。意思是：我眷念你以明德感化人民，而不用厉声与厉色。

29　《诗》曰："德輶如毛。"这句诗，见《诗经·大雅·烝民》。

30　輶：音由，轻也。

31　伦：类也，比也。

32　"上天之载，无声无臭。"这两句诗，见《诗经·大雅·文王》。载，事也。这两句是说上天行四时化育万物，没有声音也没有气味。

今译

《诗经·卫风·硕人》中说："穿着彩色的绸衣，外面加上单层的罩衫。"为的是嫌那锦衣的文采太显著了。所以君子的为人之道，表面上是文采不露，可是日久不变自然渐渐地彰露出来；小人的为人之道，表面上是文采鲜明，可是日子久了，就渐渐地变暗了。君子做人的道理，看来平淡却不会使人厌恶，看来简易却有文采，看来温和却有条理，见彼而知此，见外而知内，见微而知著，能明白这样的道理就可以进入道德之门了。

《诗经·小雅·正月》中说："躲藏起来看不见了，还是非常明显的。"所以君子，内省没有过失，无愧于心。君子之所以使别人比不上的，就是正在这种别人所看不见的地方啊！

《诗经·大雅·抑》中说："独居在室内深处，还是一点无愧于心。"所以君子不待有行动而人都尊敬他，不必说话而人都信任他。

《诗经·商颂·烈祖》中说："求神来享的时候，肃然无言而一无所争。"所以君子不须奖赏而人民自知互相劝勉，不必发怒而人民畏惧他胜过刀斧。

《诗经·周颂·烈文》中说："只要你能彰明德行，诸侯自然就会以你为榜样了。"所以君子只要笃厚恭敬，天下就自然太平了。

《诗经·大雅·皇矣》中说："我眷念你以明德感化人民，而不用厉声厉色。"孔子说："靠用厉声厉色去感化人民，那是最末的功夫。"《诗经·大雅·烝民》中说："化民之德，轻如羽毛一样。"可是羽毛虽轻还是有物可与比拟的。而《诗经·大雅·文王》中说："上天行四时化育万民，没有声音也没有气味。"这真是至高无上的境界了！

右第三十三章，子思因前章极致之言，反求其本。复自下学为己谨独之事，推而言之，以驯致乎笃恭而天下平之盛，又赞其妙，至于无声无臭而后已焉。盖举一篇之要，而约言之。其反复丁宁示人之意，至深切矣，学者其可不尽心乎？

今译

（朱子说）右边一段是第三十三章，子思因前章所言圣人之德的极致，反过来探求其根本方法。这一章再从下学立心慎独说起，一直讲到君子笃厚恭谨而天下平的至德极功，更称赞德行之妙，到那"无声无臭"的境界为止。这是举出《中庸》一篇中的要旨而加以总结说明。这种反复叮咛教人的意思，真是深微恳切极了，学习的人可以不尽心去研究吗？